essentials

Essentials liefern aktuelles Wissen in konzentrierter Form. Die Essenz dessen, worauf es als „State-of-the-Art" in der gegenwärtigen Fachdiskussion oder in der Praxis ankommt, komplett mit Zusammenfassung und aktuellen Literaturhinweisen. Essentials informieren schnell, unkompliziert und verständlich

- als Einführung in ein aktuelles Thema aus Ihrem Fachgebiet
- als Einstieg in ein für Sie noch unbekanntes Themenfeld
- als Einblick, um zum Thema mitreden zu können.

Die Bücher in elektronischer und gedruckter Form bringen das Expertenwissen von Springer-Fachautoren kompakt zur Darstellung. Sie sind besonders für die Nutzung als eBook auf Tablet-PCs, eBook-Readern und Smartphones geeignet.

Essentials: Wissensbausteine aus Wirtschaft und Gesellschaft, Medizin, Psychologie und Gesundheitsberufen, Technik und Naturwissenschaften. Von renommierten Autoren der Verlagsmarken Springer Gabler, Springer VS, Springer Medizin, Springer Spektrum, Springer Vieweg und Springer Psychologie.

Dirk Lippold

Management- und Beratungstechnologien im Überblick

Teil 2: Technologien zur Problemlösung und Implementierung

 Springer Gabler

Dirk Lippold
Berlin
Deutschland

ISSN 2197-6708   ISSN 2197-6716 (electronic)
essentials
ISBN 978-3-658-12320-8   ISBN 978-3-658-12321-5 (eBook)
DOI 10.1007/978-3-658-12321-5

Die Deutsche Nationalbibliothek verzeichnet diese Publikation in der Deutschen Nationalbibliografie; detaillierte bibliografische Daten sind im Internet über http://dnb.d-nb.de abrufbar.

Springer Gabler
© Springer Fachmedien Wiesbaden 2016

Gedruckt auf säurefreiem und chlorfrei gebleichtem Papier

Springer Fachmedien Wiesbaden ist Teil der Fachverlagsgruppe Springer Science+Business Media
(www.springer.com)

Vorwort

Das vorliegende *essential* befasst sich mit dem eigentlichen Inhalt der Beratungstätigkeit, d. h. mit dem Leistungserstellungsprozess und dem Leistungsergebnis einer Unternehmensberatung. Die Rede ist also von der „Produktion", dem Kernbereich der Beratung. Die zu liefernde Leistung ist die Existenzberechtigung der Unternehmensberatung. Es gibt aber nicht nur *eine* (klar umrissene) Leistung einer Unternehmensberatung, sondern eine Vielzahl inhaltlich unterschiedlicher Leistungen. Für die Erstellung dieser extrem vielfältigen Leistungen und die damit verbundenen Problemlösungen steht dem Berater eine Vielzahl von Methoden, Konzepten und ggf. auch Produkten zur Verfügung.

Entlang der **beiden letzten Phasen eines idealtypischen Beratungsprojektes** soll eine relevante Auswahl dieser Hilfsmittel und Werkzeuge (engl. Tools) vorgestellt werden. Es handelt sich dabei um Technologien für die Problemlösungsphase und für die Implementierungsphase. Im Mittelpunkt steht eine Vorstellung der Hilfsmittel und Werkzeuge (engl. *Tools*) für die Soll-Konzeption und Realisierungsplanung sowie Tools für die Umsetzung und Evaluierung eines Beratungsprojektes.

Für den ersten Teil dieser „Beratungsproduktion", d. h. für die Phasen der Information, Analyse und Zielsetzung, wird ein weiteres *essential* angeboten. Es befasst sich mit Beratungstechnologien zur Informationsbeschaffung und -aufbereitung, zur Umwelt-, Wettbewerbs- und Unternehmensanalyse sowie zur Zielformulierung und Problemstrukturierung.

Eine ausführlichere Darstellung und Bewertung dieser Management- und Beratungstechnologien findet sich in der 2. Auflage meines Buches „Die Unternehmensberatung. Von der strategischen Konzeption zur praktischen Umsetzung", dem diese Auswahl entnommen ist.

Berlin, Oktober 2015   Dirk Lippold

Inhaltsverzeichnis

Begriffliche und sachlich-systematische Grundlegung

Als Dienstleistung gehört die Beratung zu jenen Angeboten, bei denen Informations- und Unsicherheitsprobleme sowohl auf der Kunden- als auch auf der Lieferantenseite groß sind. Beratungsleistungen sind immateriell und integrativ. Daher können sie nicht auf Vorrat gefertigt werden. Für den Kunden hat dies zur Folge, dass er kein fertiges, überprüfbares Produkt bestellt, sondern dass die Beauftragung zunächst nur auf der Grundlage eines *Leistungsversprechens* erfolgt (vgl. Kaas 2001, S. 109).

Beratungsleistungen sind nicht nur immateriell und integrativ, sondern auch indeterminiert, d. h. unbestimmt. Diese Unbestimmtheit bezieht sich auf

- den Beratungsinput (bestimmte Informationen sind bei Projektbeginn noch nicht bekannt oder liegen nicht vor),
- den Transformationsprozess (z. B. Unwägbarkeit der Zusammenarbeit zwischen Kunden- und Beraterteams) und auf
- den Beratungsoutput (als Folge der Unbestimmtheit von Input und Transformationsprozess) (vgl. Schade 2000, S. 88).

Der Schlüssel zu einem erfolgreichen Wettbewerbskonzept für Unternehmensberater liegt also in einem genauen Verständnis des Beratungsprozesses, also der *Dienstleistungsproduktion*. Für die Dienstleistungsproduktion und den daraus resultierenden Problemlösungen steht dem Berater eine Vielzahl von Methoden, Konzepten und ggf. auch Produkten (= Beratungstechnologie) zur Verfügung.

© Springer Fachmedien Wiesbaden 2016
D. Lippold, *Management- und Beratungstechnologien im Überblick*, essentials,
DOI 10.1007/978-3-658-12321-5_1

1.1   Beratungstechnologie – Begriff und Arten

Diese Zusammenhänge sind von zentraler Bedeutung für die Gestaltung der Beratungsaufträge und hier insbesondere für die **Problemlösungstechnologie** des Beraters (=Beratungstechnologie) sowie für die vertragliche Ausgestaltung (Dienstvertrag vs. Werkvertrag).

> Unter **Beratungstechnologie** werden alle Tool- und Know-how-Komponenten zusammengefasst, die Berater nutzen, um ihre Kunden zu beraten. Dies schließt auch das Erfahrungswissen des Beraters mit ein.

Hinsichtlich des *Standardisierungsgrades* lässt sich Beratungstechnologie nach Schade (2000, S. 244 ff.) unterteilen in

- individuelle, flexible Technologie,
- standardisierte Technologie (Tools) und
- starre Technologie (Beratungsprodukte).

Wenn hier von *Beratungstechnologien* die Rede ist, dann sind damit zugleich auch immer *Managementtechnologien* gemeint, denn die Beratungstechnologien richten sich – zumindest in der Managementberatung – an das **Management** nicht nur als Beratungsadressat, sondern **als Beratungsträger**. Die Tools und Techniken, auf die der Berater (und damit das Management) zurückgreifen kann, sind so zahlreich und so unterschiedlich konzipiert, dass es ein schwieriges Unterfangen ist, Ordnung in diese Vielfalt zu bringen. Einige Techniken sind sehr einfach, andere wiederum sehr komplex konzipiert. Manche Techniken stellen lediglich einen Formalismus, ein Schema dar. Andere Techniken beruhen auf empirischen Studien und haben gesetzesähnlichen Charakter (vgl. Bea und Haas 2005, S. 50, 58).

1.1.1   Individuelle, flexible Technologie

Die Individualität der Beratungsleistung und die damit unmittelbar verbundene Orientierung des Beraters an der spezifischen Situation des Kunden ist ein wichtiger Baustein erfolgreicher Unternehmensberatung. Eine hohe Individualität, die mit einer situationsspezifischen Arbeitsweise des Beraters einhergeht, lässt sich dann erreichen, wenn das Wissen nicht und nur sehr schwer *kodiert* werden kann.

Nicht-kodierbares Wissen bezeichnen Berater auch als „stilles" Wissen, das – wenn überhaupt – nur durch persönliche Kommunikation, Demonstration oder „learning by doing" übertragbar ist (vgl. Schade 2000, S. 255 unter Bezugnahme auf Teece 1986, S. 29).

Zum „stillen" Wissen einer Unternehmensberatung zählen die Erfahrungen, die mit Mitarbeitern eines bestimmten Unternehmens oder in einer bestimmten Branche oder in einem bestimmten Funktionsbereich gemacht worden sind. „Stilles" Wissen ist nicht so leicht kopierbar. Dies stellt im Innenverhältnis zwar einen Nachteil dar, da so neue Mitarbeiter nicht so leicht an die angebotenen Leistungsprogramme herangeführt werden können. Im Außenverhältnis ist dies jedoch ein erheblicher Vorteil, denn die Nicht-Imitierbarkeit führt zu Alleinstellungen und spart Entwicklungskosten (für Produkte und Tools).

Mit dem Einsatz einer flexiblen Technologie sichert sich der Unternehmensberater Handlungsspielräume bei der Auftragsdurchführung. Konkret bedeutet dies, dass es bei Zieldefinitionen, bei der Personaleinsatzplanung, bei Projektfortschrittskontrollen und auch bei den Honorarzahlungen relativ hohe Freiheitsgrade gibt.

Die Flexibilität einer Beratungstechnologie ist umso wichtiger, je stärker sich Umweltrisiken auf die Ziele des Beratungsprojektes auswirken, je wahrscheinlicher Änderungen der Problemwahrnehmung sind und je geringer die Menge ergänzend einsetzbarer Kliententechnologien innerhalb und außerhalb des Beratungsteams ist. (Schade 2000, S. 249)

1.1.2 Standardisierte Technologie (Tools)

Beratungstools sind Werkzeuge, die vornehmlich im Rahmen der Analyse- und Problemlösungsphase zum Einsatz kommen. Dieser „Werkzeugkasten" setzt sich bei den Strategieberatern aus häufig modifizierten oder kombinierten Techniken zusammen. Dazu zählen z. B. die Wettbewerbsanalyse nach Porter, Stärken-/ Schwächenanalyse, Szenariotechnik, Lebenszykluskonzept, Portfoliomodelle und Kreativitätstechniken. Diese Instrumente bestimmen oftmals die Art der Problemlösung mit, indem sie die Aufmerksamkeit auf ganz bestimmte Aspekte richtet. Durch den jeweilig benötigten Informationsbedarf dieser Techniken ist zugleich oftmals auch die Vorgehensweise vorbestimmt. Insofern lässt sich im Zusammenhang mit dem Einsatz von Tools auch von einer **teilstandardisierten Beratungsleistung** sprechen (vgl. Schade 2000, S. 254).

1.1.3   Starre Technologie (Beratungsprodukte)

Die ausgeprägteste Form der Standardisierung ist – wie bereits in Abschn. 7.3 erläutert – das Beratungsprodukt. Ohne kodiertes Wissen, d. h. ohne Tools oder Beratungsprodukte, können Beratungsunternehmen nur sehr schwer wachsen. Insbesondere bei der Suche und Einstellung neuer, noch nicht qualifizierter Berater ist die Übertragung kodierten Wissens nicht so langwierig und schwierig wie bei der Übertragung „stillen" Wissens.

Beratungsprodukte sind aufgrund ihres Signalcharakters in jedem Fall besser zu kommunizieren (und damit zu vermarkten) als individuelle, weitgehend namenlose Leistungen. Der potentielle Kunde erhält ein konkreteres Bild, als dies bei flexibleren Leistungsangeboten der Fall ist. Auch stellen Beratungsprodukte (sowie auch Zertifizierungen) ein glaubwürdiges Signal für die Qualität der Leistung und des Beratungsunternehmens dar.

Neben **Marketing- und Wachstumsaspekten** hat der Standardisierungsgrad der Beratungstechnologie Auswirkungen auf die **Anreizstruktur**. So sind Zurechnungs- und Anreizprobleme umso geringer, je starrer die Technologie ist. Ein Beratungsprodukt ist in hohem Maße selbstbindend und erzeugt beim Berater eine hohe Identifikation mit dem Produkt. Je starrer die Technologie des Beraters ist, desto leichter sind Zielsetzungen, Personaleinsatzplanungen, Projektfortschrittskontrollen und Ergebniszurechenbarkeiten durchzuführen.

Beratungsprodukte und teilstandardisierte Leistungen erreichen im Allgemeinen eine deutlich höhere **Effizienz** als individuelle, flexible Technologien, die wiederum in aller Regel die Zielsetzung der **Effektivität** besser sicherstellen.

Grundsätzlich steigt die **Preisbereitschaft** des Kunden mit der Effizienz der Beratungstechnologie, mit seiner Wertschätzung für diese Beratungsleistung und mit den Opportunitätskosten der eigenen Mitarbeiter. Daher kann man vereinfachend davon ausgehen, dass Unternehmensberater ein umso höheres durchschnittliches Preisniveau erzielen können, je standardisierter ihre Problemlösungstechnologien sind.

Strategieberatungen haben naturgemäß früher damit begonnen, auftragsindividuell entwickelte Vorgehensweisen als **Beratungsprodukte** zu entwickeln und zu vermarkten, als IT-Beratungsgesellschaften. Zu solchen Beratungsprodukten zählen – neben den klassischen Beratungs- bzw. Managementansätzen der BCG-Matrix, McKinsey-Matrix und der ADL-Matrix – unter anderem folgende Beratungsansätze (siehe Fink 2004):

- **Economic Value Added (EVA)** von Stern Stewart
- **Value Building Growth** von A. T. Kearney

- **Business Transformation** von Capgemini Consulting
- **CRM-Value-Map** von Deloitte Consulting.

Zwischenzeitlich werden aber auch von den **IT-Beratungsgesellschaften** gezielt (IT-)Beratungsprodukte entwickelt, die aber – mit wenigen Ausnahmen – noch bei weitem nicht den Bekanntheitsgrad und Einfluss erzielt haben wie Produkte der großen Strategieberater. Die bekanntesten Beispiele in diesem Bereich sind die Prozessmodellierungstools EPK (im Rahmen des ARIS-Frameworks) und BPMN (Business Process Model ans Notation).

1.2   Konsequenzen unterschiedlicher Technologien

Individualisierung und Standardisierung müssen sich im Hinblick auf den gewünschten Kundenerfolg nicht unbedingt im Konflikt befinden.

Die wichtigsten Vor- und Nachteile dieser unterschiedlichen Beratungstechnologien *(Technologietypen)* sollen anhand der Kriterien

- Kommunizierbarkeit,
- Imitierbarkeit,
- Handlungsspielraum,
- Wachstum,
- Effizienz,
- Effektivität,
- Anreizstruktur und
- Preisniveau

kurz dargestellt werden (vgl. Schade 2000, S. 256 ff.):

In Abb. 1.1 sind die Konsequenzen der drei Technologietypen auf verschiedene Kriterien optisch zusammengefasst (vgl. Lippold 2015a, S. 34).

1.3   Systematisierung der Beratungstechnologien

Wie lässt sich die Vielzahl von Beratungs- bzw. Managementtechnologien systematisieren? Die Mehrzahl der in der Literatur vorgestellten Systematiken orientiert sich an den verschiedenen **Strategien**, für deren Entwicklung und Formulierung schließlich ein Großteil der Beratungsansätze konzipiert wurde. Zu dieser (strategieorientierten) Kategorisierung zählen die Systematik von Fink sowie der An-

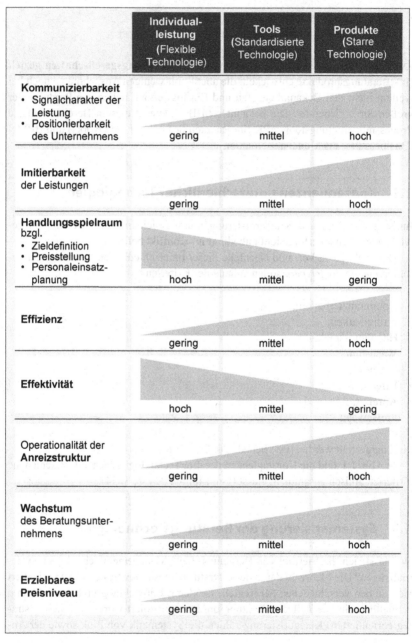

	Individual-leistung (Flexible Technologie)	Tools (Standardisierte Technologie)	Produkte (Starre Technologie)
Kommunizierbarkeit • Signalcharakter der Leistung • Positionierbarkeit des Unternehmens	gering	mittel	hoch
Imitierbarkeit der Leistungen	gering	mittel	hoch
Handlungsspielraum bzgl. • Zieldefinition • Preisstellung • Personaleinsatz-planung	hoch	mittel	gering
Effizienz	gering	mittel	hoch
Effektivität	hoch	mittel	gering
Operationalität der **Anreizstruktur**	gering	mittel	hoch
Wachstum des Beratungsunter-nehmens	gering	mittel	hoch
Erzielbares Preisniveau	gering	mittel	hoch

Abb. 1.1 Konsequenzen unterschiedlicher Beratungstechnologien

satz von Macharzina und Wolf. Die Systematiken von Andler sowie von Bea und Haas orientieren sich dagegen mehr am **Prozess** und am Anwendungsbezug der **Planung.** Als Systematisierungsansatz dienen hier die Phasen eines (typischen) **Beratungsprozesses:**

• Akquisitionsphase
• Analysephase
• Problemlösungsphase
• Implementierungsphase.

Ein so definierter Beratungsprozess ist im Allgemeinen typisch für mittlere und größere Aufträge sowohl in der Strategie- als auch in der Umsetzungsberatung. Allerdings muss berücksichtigt werden, dass die einzelnen Phasen in der Realität in ganz unterschiedlichen Formen durchgeführt werden. Während die *Analysephase* und die *Problemlösungsphase* praktisch in jedem Beratungsprojekt vorkommen und damit als konstitutive Bestandteile einer Beratungsleistung aufgefasst werden können, nehmen die Angebotsphase und die Implementierungsphase eine Sonderrolle in Bezug auf Umfang und Form der Zusammenarbeit ein. So reicht das Spektrum der *Angebotsphase* von der Angebotsabgabe auf der Basis eines Telefongesprächs bis hin zu bezahlten Vorstudien. Ebenso unterschiedlich sind die Durchführungsformen bei der *Implementierungsphase*, die von der einfachen Projektbegleitung über die gemeinsame Umsetzung im Team mit dem Kunden bis hin zur vollverantwortlichen Realisierung und Umsetzung durch den Berater reichen.

Abbildung 1.2 liefert für diese Phasen einen ersten Überblick über Beratungsinhalte, Beratungsvorgehen und Beratungstechnologien.

1.4 Phasenstruktur von Beratungsprojekten

Bevor die Beratungstechnologien im Einzelnen vorgestellt werden, müssen die Beratungsprojekte so strukturiert werden, dass nicht nur eine formale, sondern auch eine inhaltliche Zuordnung der Technologien möglich wird. Dazu werden die Phasen eines Beratungsprojektes kurz vorgestellt.

1.4.1 Informationsphase (auch: Akquisitionsphase)

Die Akquisition eines Beratungsprojektes setzt sich in aller Regel aus den beiden Prozessschritten *Kontakt- und Informationsbeschaffung* sowie *Angebots- und*

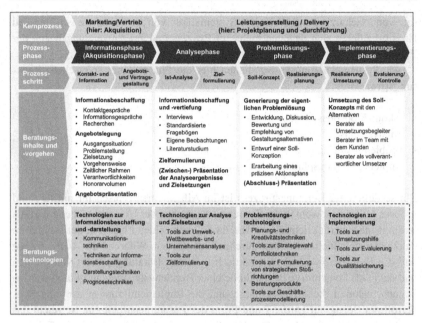

Abb. 1.2 Systematik der hier vorgestellten Beratungstools und -konzepte

Vertragsgestaltung zusammen und ist quasi das Gegenstück zum Einkaufsprozess der Kundenunternehmen. Die Besonderheit der Akquisitionsphase liegt darin, dass beide Prozessschritte im Normalfall nicht Teil des eigentlichen Projektes sind. Die Akquisitionsphase liegt zeitlich vor der Leistungserstellung (engl. *Delivery*) und wird in der Regel vom Kundenunternehmen nicht bezahlt. Dennoch ist sie bei Kontraktgütern für den Verlauf und das Ergebnis des Projektes von enorm wichtiger Bedeutung. Zum einen wird in dieser Phase entschieden, ob der Berater den Auftrag für die Projektdurchführung überhaupt erhält. Zum anderen werden hier die Erwartungshaltungen beider Partner im Hinblick auf das letztlich angestrebte Projektergebnis festgelegt.

Inhaltlich gesehen steht die Akquisitionsphase ganz im Zeichen einer *generalistischen Informationsbeschaffung* (Schade 2000, S. 188). Daher herrschen in dieser Phase die Beratungstechnologien zur Informationsbeschaffung und -darstellung vor. Die wichtigste Informationsquelle ist dazu der mögliche Auftraggeber, also der potentielle Kunde mit seinen Mitarbeitern. Zu den Beratungstechnologien, die in dieser Phase zum Einsatz kommen können, zählen in erster Linie:

- **Kommunikationstechniken** wie Workshop, Moderation, Diskussion, Karten-abfrage, Präsentation
- **Techniken zur Informationsbeschaffung und -darstellung** wie Sekundäraus-wertungen (z. B. Company Profiling) und Primärerhebungen auf der Basis von Befragungen und Beobachtungen
- **Prognosetechniken** auf der Basis von Befragungen, von Indikatoren, von Zeit-reihen und von Funktionen.

Die Tools und Techniken der Informationsphase werden in dem *essential* „Ma-nagement- und Beratungstechnologien im Überblick, Teil 1: Technologien zur In-formation, Analyse und Zielsetzung" vorgestellt.

1.4.2 Analysephase

Die Analysephase setzt unmittelbar nach dem Vertragsabschluss auf. Auch in dieser Phase stehen die einzuholenden Informationen im Vordergrund. Die Beschaffung, Vertiefung und Analyse der Informationen konzentrieren sich aber bereits auf das in der Angebotsphase spezifizierte Beratungsproblem. Interviews, standardisierte Fragbögen und Beobachtungen – letztlich also die Methoden der Marktforschung – dominieren den Informationsbeschaffungsteil in der Analysephase.

Die Analysephase setzt sich aus den beiden Prozessschritten *Ist-Analyse* und *Zielformulierung* zusammen. Die in dieser Phase eingesetzten Problemlösungs-technologien lassen sich in drei Kategorien einteilen. Zum einen sind es Infor-mationsbeschaffungstools, wie sie bereits in der Akquisitionsphase zum Einsatz kommen und daher an dieser Stelle nicht noch einmal erläutert werden sollen (vor-nehmlich Befragungen, Darstellungs- und Prognosetechniken). Des Weiteren han-delt es um standardisierte

- **Tools zur Umwelt-, Wettbewerbs- und Unternehmensanalyse** wie SWOT-Analyse, Five-Forces-Modell, Analyse der Kompetenzposition, Wertkettenana-lyse und Benchmarking,
- **Tools zur Zielformulierung** wie das SMART-Prinzip, Kennzahlensysteme, Zielsysteme und Balanced Scorecard sowie
- **Tools zur Problemstrukturierung** wie Aufgaben-, Kernfragen- und Sequenz-analyse.

Die Tools und Techniken der Analysephase werden in dem *essential* „Manage-ment- und Beratungstechnologien im Überblick, Teil 1: Technologien zur Informa-tion, Analyse und Zielsetzung" vorgestellt.

1.4.3 Problemlösungsphase

Wichtige Voraussetzung für einen befriedigenden Verlauf der Problemlösungsphase ist, dass das Problem in den ersten beiden Phasen (Akquisitionsphase und
Analysephase) korrekt definiert wurde, die richtigen Informationen zur Verfügung
stehen und die Ziele der Problemlösungsphase einvernehmlich bestimmt sind.

Die Problemlösungsphase ist in der Regel die Kernphase eines Beratungspro-
jekts. Sie lässt sich in die Projektschritte *Soll-Konzept* und *Realisierungsplanung*
unterteilen. Die in der Problemlösungsphase eingesetzte Beratungstechnologie
dient vornehmlich der Generierung von Gestaltungsalternativen. Im Vordergrund
stehen hierbei:

- **Planungs- und Kreativitätstechniken** wie Brainstorming, Brainwriting, Me-
  thode 635, Synektik, Bionik, Morphologischer Kasten
- **Tools zur Strategiewahl** wie Erfahrungskurve, Produktlebenszyklusmodelle
- **Portfoliotechniken** wie BCG-Matrix, McKinsey-Matrix, ADL-Matrix
- **Tools zur Formulierung der strategischen Stoßrichtung** (Wachstumsstrate-
  gien, Wettbewerbsstrategien, Markteintrittsstrategien) wie Produkt-Markt-Mat-
  rix
- **Beratungsprodukte** wie Gemeinkostenwertanalyse, Zero-Base-Budgeting,
  Nachfolgeregelung, Mergers & Acquisitions, Business Process Reengineering
- **Tools zur Geschäftsprozessmodellierung** wie EPK und BPMN.

1.4.4 Implementierungsphase

Der Zweck der abschließenden Implementierungsphase besteht darin, die in der
Problemlösungsphase verabschiedeten und abgesicherten Maßnahmen termin- und
kostengerecht umzusetzen, in der Praxis zu erproben und Auswirkungen auf andere Bereiche zu analysieren. In vielen Fällen übernimmt der Kunde in dieser Phase
wieder die Hauptverantwortung, obwohl in diesem Projektabschnitt über den end-
gültigen ökonomischen Erfolg des Projektes entschieden wird.

Die Implementierungsphase besteht in der hier gezeigten idealtypischen Form
aus den beiden Prozessschritten *Realisierung/Umsetzung* und *Evaluierung/Kont-
rolle.*

Zur Sicherstellung der Qualität in der letzten Auftragsphase haben die meis-
ten Beratungsunternehmen Checklisten erstellt, die vom Projektleiter sukzessive
abgearbeitet werden. Die darüber hinaus eingesetzte Beratungstechnologie in der
Implementierungsphase bezieht sich in erster Linie auf

- **Projektmanagement-Tools** wie Prince2 oder PMBoK,
- **Qualitätsmanagement-Tools** wie Fehlersammelliste, Histogramm, Kontroll-karte, Ursache-Wirkungsdiagramm, Pareto-Diagramm, Korrelationsdiagramm, Flussdiagramm sowie
- **Tools zur Evaluierung** wie Kundenzufriedenheitsanalyse, Auftragsbeurtei-lung, Abschlussakquisition.

Abbildung 1.3 zeigt die vollständige Zuordnung der Beratungstechnologien zu den Beratungsphasen.

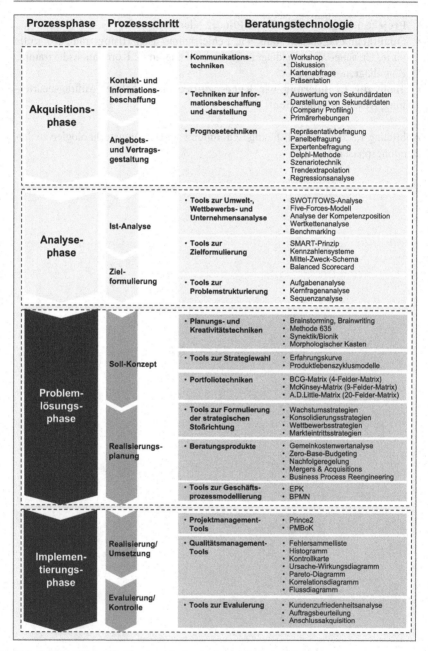

Abb. 1.3 Zuordnung der Beratungstechnologien zu Beratungsphasen

Beratungstechnologien zur Problemlösung

2

Um ein Problem zu lösen – also um die Lücke zwischen Soll und Ist zu schließen – hat sich in der Praxis eine ganze Reihe von Problemlösungsmethoden etabliert, von denen im Folgenden die aus Beratersicht wichtigsten Ansätze vorgestellt werden sollen. Dabei sollte berücksichtigt werden, dass *„standardisierte Problemlösungsmethoden oder Beratungsprodukte (...) in der Regel nichts anderes als Flussdiagramme des Phasenablaufs eines bestimmten Lösungsvorgehens (sind), das sich in der Praxis über Jahre oder gar Jahrzehnte hinweg als sinnvoll, realisierbar und erfolgreich erwiesen hat"* (Niedereichholz 2008, S. 208).

2.1 Planungs- und Kreativitätstechniken

Eine wichtige Rolle im Rahmen des Problemlösungsprozesses nehmen **Kreativitätstechniken** ein. Dabei steht die Suche nach alternativen und innovativen Ideen im Vordergrund. Aus dem nahezu unbegrenzten Katalog an Kreativitätstechniken (=Techniken der Ideenfindung) sollen hier lediglich die sechs bekanntesten Techniken, dessen Anwendung vom Berater immer wieder erwartet wird, genannt werden:

- Brainstorming
- Brainwriting
- Methode 635
- Synektik
- Bionik
- Morphologischer Kasten

© Springer Fachmedien Wiesbaden 2016
D. Lippold, *Management- und Beratungstechnologien im Überblick*, essentials,
DOI 10.1007/978-3-658-12321-5_2

13

2.2   Tools zur Strategiewahl

Im nächsten Schritt der strategischen Planung geht es um die Auswahl und Festlegung der richtigen Unternehmensstrategie. Hierzu bieten sich mit den Konzepten
der **Erfahrungskurve** und dem **Produktlebenszyklus** zwei Tools zur Wahl der
richtigen Markteintritts- (und Marktaustritts-)strategie an. Darauf aufbauend hat
die **Portfoliotechnik** mit ihren verschiedenen Ausprägungen und Varianten eine
zentrale Bedeutung bei der Bestimmung von Produkt-Markt-Strategien erlangt.

2.2.1   Erfahrungskurve

Im Zusammenhang mit der Wahl der richtigen Markteintrittsstrategie spielen die
Erkenntnisse über den so genannten *Erfahrungskurveneffekt* eine wichtige Rolle.
Aufgrund von empirischen Untersuchungen hat die Boston Consulting Group fest-
gestellt, dass die auf die Wertschöpfung bezogenen preisbereinigten Stückkosten
eines Produkts konstant um 20 bis 30 % zurückgehen, wenn sich im Zeitablauf die
kumulierte Produktionsmenge verdoppelt. In Abb. 2.1 ist der Kostenverlauf in Abhängigkeit von der kumulierten Menge einmal bei linearer Skaleneinteilung und

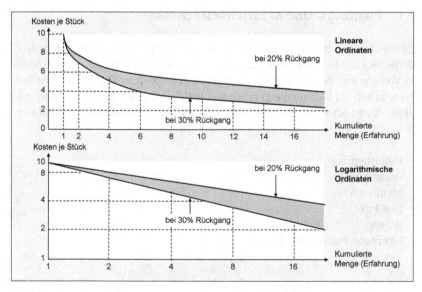

Abb. 2.1 Kosten-Erfahrungskurve bei linear und logarithmisch eingeteilten Ordinaten

einmal bei logarithmischer Einteilung des Ordinatenkreuzes dargestellt. Besonders deutlich wird das Phänomen der Erfahrungskurve mit *konstanten* Änderungsraten der Kosten bei einem logarithmisch gewählten Ordinatensystem (vgl. Becker 2009, S. 422 f.).

Die Ursache der Stückkostendegression ist vornehmlich auf zwei Faktoren zurückzuführen. Zum einen ist es die **Lernkurve**, die davon ausgeht, dass bei steigendem Produktionsvolumen Lerneffekte in Form von

- geringeren Ausschüssen,
- besserer Koordination der Arbeitsabläufe,
- effizienterer Planung und Kontrolle sowie durch einen
- höheren Ausbildungsgrad der Mitarbeiter

erzielt werden. Zum anderen sind es **Skaleneffekte** (engl. *Economies of Scale*), die davon ausgehen, dass ein Unternehmen bei wachsender Ausbringungsmenge von sinkenden Kosten profitiert (u. a. bei Einkauf und Lagerhaltung). Diese auch als „Gesetz der Massenproduktion" bekannten *Größendegressionseffekte* besagen, dass mit einer Erhöhung des Inputs eine überproportionale Erhöhung des Outputs realisiert werden kann (vgl. Müller-Stewens und Lechner 2001, S. 199).

2.2.2 Lebenszyklusmodelle

Lebenszyklusmodelle untersuchen und beschreiben die Verbreitung und das wettbewerbsstrategische Potential von Produkten und Dienstleistungen im Zeitablauf. Dabei wird die Annahme zugrunde gelegt, dass sich ein Produkt (oder eine Dienstleistung) nicht unendlich lang verkaufen lässt, sondern dass es einem Lebenszyklus unterliegt, dessen Länge und Verlauf im Voraus nicht bekannt sind, dessen Existenz aber prinzipiell endlich ist.

Abbildung 2.2 zeigt den idealtypischen Verlauf von Absatz- und Gewinnkurve über die Lebensdauer eines Produkts. Im Rahmen des **Lebenszyklusmodells** können vier Phasen unterschieden werden:

In der **Markteinführungsphase** wächst der Absatz langsam. Gewinne entstehen aufgrund der hohen Einführungskosten noch nicht und die Anzahl der Wettbewerber ist gering. Auch ist das Marktpotenzial noch nicht überschaubar und die Entwicklung der Marktanteile ist nicht vorhersehbar.

Die **Wachstumsphase** ist durch eine starke Zunahme des Absatzes gekennzeichnet. Erste Gewinne werden erzielt und weitere Wettbewerber treten in den Markt ein. In dieser Phase gilt es, den eigenen Marktanteil signifikant zu vergrößern.

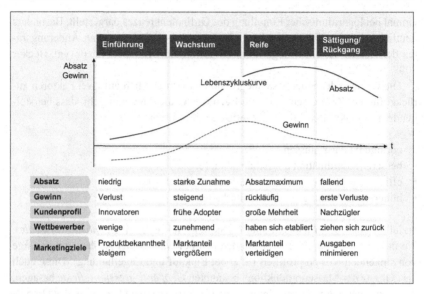

	Einführung	Wachstum	Reife	Sättigung/ Rückgang
Absatz	niedrig	starke Zunahme	Absatzmaximum	fallend
Gewinn	Verlust	steigend	rückläufig	erste Verluste
Kundenprofil	Innovatoren	frühe Adopter	große Mehrheit	Nachzügler
Wettbewerber	wenige	zunehmend	haben sich etabliert	ziehen sich zurück
Marketingziele	Produktbekanntheit steigern	Marktanteil vergrößern	Marktanteil verteidigen	Ausgaben minimieren

Abb. 2.2 Der Produktlebenszyklus

In der anschließenden **Reifephase** verlangsamt sich das Absatzwachstum. Die Gewinne geraten unter Druck, der Wettbewerb hat sich etabliert. Das Produkt muss durch erhöhte Marketingaufwendungen gegen den Wettbewerb verteidigt werden.

In der **Sättigungsphase** geht der Absatz zurück und die Gewinne brechen ein. Wettbewerber ziehen sich zurück. Das Unternehmen steht vor der Frage, ob das Produkt auslaufen und durch einen Nachfolger ersetzt werden soll, oder ob das Produkt durch weitere Verbesserungen (engl. *Relaunch*) noch einmal reanimiert werden kann.

Nicht jedes Produkt folgt zwangsläufig diesem idealtypischen Verlauf des Lebenszyklusmodells. Einige Produkte verschwinden sehr schnell wieder vom Markt, andere können nach Eintritt in die Sättigungsphase durch Relaunching-Maßnahmen in eine neue Wachstumsphase gebracht werden.

Das Konzept des Produktlebenszyklus lässt sich auf ganze **Produktklassen** (z. B. Fernseher oder Autos), auf eine **Produktkategorie** (z. B. Flachbildschirme oder Sportwagen) oder eben auf einzelne Produkte/Leistungen anwenden. Dabei haben Produktklassen naturgemäß den längsten Lebenszyklus. Darüber hinaus wird das Lebenszykluskonzept auch für ganze **Märkte** bzw. **Branchen** unterstellt.

Da sich in der Regel nicht bestimmen lässt, in welcher Phase des Lebenszyklus sich das Produkt zum aktuellen Zeitpunkt befindet, eignet sich das Modell nur bedingt für die Vorhersage von Erfolgsaussichten eines Produkts oder zur Entwicklung einer Marketingstrategie. Dennoch kann die Lebenszyklusanalyse durchaus als Beschreibungsmodell zur Unterstützung marketingstrategischer Entscheidungen herangezogen werden (vgl. Kotler et al. 2011, S. 669).

2.3   Portfoliotechniken

Mit seinen verschiedenen Varianten hat die **Portfoliotechnik**, die auf den grundlegenden Annahmen des Lebenszykluskonzepts und der Erfahrungskurve beruht, unter den vorliegenden Tools zur Bestimmung von *Produkt-Markt-Strategien* eine zentrale Bedeutung erlangt. Die strategieorientierte Portfoliotechnik wurde ursprünglich zur optimalen Aufteilung des Vermögens auf verschiedene Anlageformen wie Geldvermögen, Wertpapiere und Sachgegenstände zum Zweck der Ertragsmaximierung und Risikominimierung für den Anleger entwickelt. Dieses Grundkonzept wurde dann später zu einer systematischen Analyseform für *Mehrproduktunternehmen* weiterentwickelt. Es setzt eine klare Abgrenzung der Produktlinien mit einer Aufgliederung des Produktspektrums in *strategische Geschäftseinheiten* voraus. Folgende Varianten des *absatzmarktorientierten* Portfolios sollen hier vorgestellt werden:

- **4-Felder-Matrix der Boston Consulting Group (BCG)** (auch als Marktanteils-Marktwachstums-Portfolio bezeichnet)
- **9-Felder-Matrix von McKinsey** (auch als Marktattraktivitäts-Wettbewerbsstärke-Portfolio bezeichnet)
- **20-Felder-Matrix von Athur D. Little (ADL)** (auch als Marktlebenszyklus-Wettbewerbsposition-Portfolio bezeichnet).

2.3.1   BCG-Matrix (4-Felder-Matrix)

In ihrer einfachsten Form als **4-Felder-Matrix** werden das *Marktwachstum* und der *relative Marktanteil* als Ordinaten sowie deren Unterteilung in „niedrig" und „hoch" benutzt, um die Produkte in die Matrix einzuordnen. Die Verbindung zwischen dem Lebenszykluskonzept, der Erfahrungskurve und der Portfolio-Analyse verdeutlicht Abb. 2.3. Somit findet sich der Grundgedanke in der 4-Felder-Matrix wieder, dass für die zeitliche Entwicklung eines Produkts ein *idealtypischer* Lebenszyklus angenommen wird, der sich im Uhrzeigersinn vom linken oberen zum linken unteren Quadranten der Matrix spannt. Je nach Positionierung in der

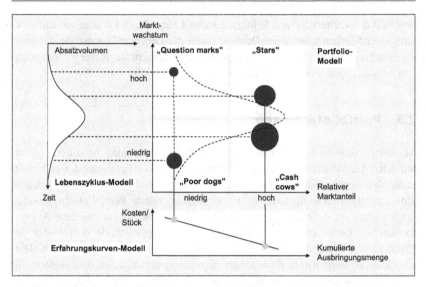

Abb. 2.3 Theoretische Grundlagen der Marktanteils-Marktwachstums-Matrix

Marktanteils-Marktwachstums-Matrix ist jedes Produkt einem der vier folgenden Felder zugeordnet:

- **Fragezeichen** (engl. *Question marks*) sind Produkte, die sich in der Einführungsphase befinden. Ihr relativer Marktanteil sowie das Marktwachstum sind gering, die Stückkosten dagegen hoch.
- **Sterne** (engl. *Stars*) sind Produkte, die sich in der Wachstumsphase befinden. Sie verfügen sowohl über einen hohen relativen Marktanteil als auch über ein hohes Marktwachstum. Zudem sind die Stückkosten gering.
- **Melkkühe** (engl. *Cash cows*) befinden sich in der Reifephase des Lebenszyklus. Sie zeichnen sich durch einen hohen relativen Marktanteil und niedrige Stückkosten aus. Allerdings ist das Marktwachstum gering.
- **Arme Hunde** (engl. *Poor dogs*) sind solche Produkte, die bereits länger auf dem Markt sind und sich in der Sättigungsphase befinden. Sie verfügen über einen niedrigen relativen Marktanteil, hohe Stückkosten und nur noch über ein geringes Marktwachstum.

Die Portfolio-Analyse als 4-Felder-Matrix wurde von der Boston Consulting Group vornehmlich zur optimalen Positionierung von strategischen Geschäftseinheiten (SGEs) eines Unternehmens entwickelt. Für die Verteilung der SGEs in den vier Quadranten werden folgende Parameter herangezogen (vgl. Becker 2009, S. 424 f.):

- **Umsatz** (grafisch verdeutlicht als unterschiedlich große Kreise, die der jeweiligen Umsatzbedeutung der SGE entsprechen)
- **Relativer Marktanteil** (als Marktanteil der eigenen SGE, dividiert durch den Marktanteil des stärksten Wettbewerbers; dabei bedeutet die vertikale Trennlinie 1,0 auf der Abszisse, dass eine SGE, die rechts von dieser Trennlinie positioniert ist, einen relativen Marktanteil > 1 hat und damit Marktführer ist)
- **Zukünftiges Marktwachstum** (wobei sich die horizontale Trennlinie bei verändertem Marktwachstum im Laufe der Zeit auch verschieben kann).

In Abb. 2.4 ist die Ableitung eines Portfolios für ein Beispiel-Unternehmen mit fünf strategischen Geschäftseinheiten auf unterschiedlichen Märkten dargestellt.

Auf der Grundlage dieser Portfolio-Ableitung lassen sich nunmehr Strategieempfehlungen als sogenannte **Normstrategien** unmittelbar ableiten. Die Normstrategien für die 4-Felder-Matrix lassen sich wie folgt auf den Punkt bringen:

Neue Produkte sollten energisch unterstützt werden, damit sie zu Stars werden. Stars reifen zu Cows. Die von den Cows erwirtschafteten Finanzmittel sollten ge-

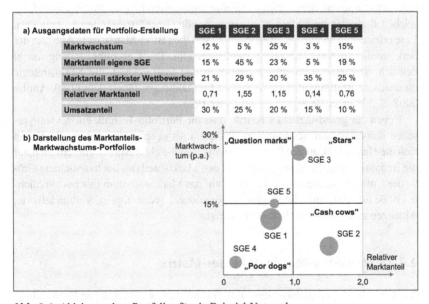

Abb. 2.4 Ableitung eines Portfolios für ein Beispiel-Unternehmen

Normstrategien		Alternative Handlungsempfehlungen	
„Question marks"	**„Stars"**	**„Question marks"**	**„Stars"**
• Schwache Position in einem Wachstumsmarkt • Kann mit genügend Investitionen zum Star werden	• Starke Position in einem schnell wachsenden Markt • Investieren, da hier die Zukunft liegt, selbst wenn kurzfristig keine Gewinne eintreten	• Der Wachstumsmarkt wird bald viele Neueinsteiger haben • Markt verlassen und an einen „gläubigen" Käufer verkaufen	• Wachsender Markt zieht Konkurrenten an • Von den Fehlern der anderen lernen • Aufkaufen der Konkurrenten/Produkte, die den Markt verlassen
„Poor dogs"	**„Cash cows"**	**„Poor dogs"**	**„Cash cows"**
• Schwache Position in einem stagnierenden Markt • Marktanteile können nur von Konkurrenten kommen – abstoßen!	• Investitionen lohnen nicht, da Markt kaum wächst • Überschüssiges Geld lieber in Stars investieren	• Trotz Stagnation kann es Potential geben • Gezielt gute Schnäppchen auswählen und vorsichtig attackieren	• Aufgrund der guten Ausgangslage sollte das Geschäft revitalisiert werden, anstatt das Geld in hungrige Stars zu investieren

Abb. 2.5 Normstrategien und alternative Handlungsempfehlungen für die BCG-Matrix

nutzt werden, um aus Question marks Stars zu machen. Die Dogs sind zu eliminieren.

Grundsätzlich basieren diese Normstrategien auf der Idee, ein Portfolio von Geschäftseinheiten durch Zuteilung von Finanzmittelüberschüssen aus erfolgreichen Einheiten an andere, vielversprechende Geschäftseinheiten zu managen. Eine erfrischend andere Sichtweise der klassischen BCG-Matrix ist in Abb. 2.5 der herkömmlichen Normstrategie gegenübergestellt. Die Gegenüberstellung macht deutlich, dass eine sklavische Anwendung und Interpretation der Normstrategie durchaus zu irreführenden strategischen Empfehlungen führen kann (vgl. Andler 2008, S. 208 unter Bezugnahme auf Glass 1996).

Neben der grundsätzlichen **Kritik**, dass die Portfolio-Technik einen idealtypischen Kurvenverlauf des Lebenszyklus quasi als gesetzmäßig unterstellt, richtet sich die Hauptkritik an der Portfolio-Analyse als 4-Felder-Matrix vornehmlich auf die Reduktion aller Einflussfaktoren auf den Marktanteil (als hochverdichtete Größe der Unternehmensbedingungen) und auf das Marktwachstum (als hochverdichte Größe der Umweltbedingungen). Innovationen, Technologien, Verbundeffekte, Allianzen u. ä. werden nicht berücksichtigt.

2.3.2 McKinsey-Matrix (9-Felder-Matrix)

Die kritische Auseinandersetzung mit der 4-Felder-Matrix hat zur Entwicklung weiterer Ausprägungen der Portfolio-Analyse geführt. Besonders hervorzuhe-

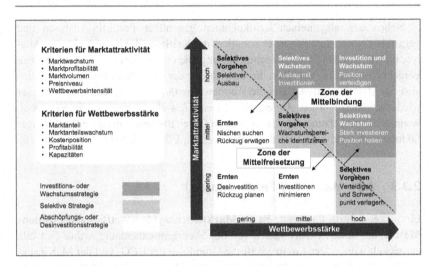

Abb. 2.6 Normstrategien der 9-Felder-Matrix von McKinsey

ben ist die **Marktattraktivitäts-Wettbewerbsstärke-Matrix**, die McKinsey in Zusammenarbeit mit General Electric (GE) entwickelt hat. Um die Komplexität des Analysefeldes stärker zu berücksichtigen, wird die Matrix in neun (statt vier) Felder unterteilt. Zusätzlich stellen die beiden Ordinaten jeweils Aggregate einer durch den Anwender selbst zu bestimmenden Menge quantifizierbarer Variablen dar. So wird die Umweltordinate *Marktwachstum* aus der 4-Felder-Matrix durch ein Faktorenbündel mit der Bezeichnung **Marktattraktivität** ersetzt. Die Marktattraktivität setzt sich aus Faktoren wie Marktwachstum, Marktprofitabilität, Marktvolumen, Preisniveau oder Wettbewerbsintensität zusammen. Die Unternehmensordinate *relativer Marktanteil* aus der 4-Felder-Matrix wird durch das Faktorenbündel **Wettbewerbsstärke** ersetzt. Hierzu zählen Faktoren wie Marktanteil, Marktanteilswachstum, Kosten- bzw. Preisposition, Profitabilität oder Kapazitäten. Das grundsätzliche Problem besteht hierbei allerdings in der Erfassung und vor allem Gewichtung der Faktoren (vgl. Müller-Stewens und Lechner 2001, S. 229 f.).

Unter der Voraussetzung, dass die angesprochen Faktoren für jede Geschäftseinheit tatsächlich vorliegen, können mit der 9-Felder-Matrix Normstrategien weitaus differenzierter durchgeführt werden (siehe Abb. 2.6). Die Zone rechts oberhalb der Matrix-Diagonalen legt Wachstums- bzw. Investitionsstrategien (Zone der Mittelbindung) und die Zone links unterhalb der Matrix-Diagonalen legt Abschöpfungs- bzw. Desinvestitionsstrategien (Zone der Mittelfreisetzung) nahe (vgl. Becker 2009, S. 432 f.).

Neben den allgemeinen Kritikpunkten gegenüber Portfolio-Analysen und gegenüber Normstrategien ist es vor allem die **Kritik** an der Komplexität der Analyse und der vorgelagerten Datenbeschaffung, die gegenüber der McKinsey-Matrix vorgebracht werden. Vor allem die Gewichtung der einzelnen Faktoren, aus denen sich die Marktattraktivität und die Wettbewerbsstärke zusammen setzt, ist immer wieder kritisiert worden. Andererseits ist ein Gewichtungsprozess unvermeidbar, wenn der Einschätzung einer strategischen Geschäfteinheit mehrere Bewertungsfaktoren zugrunde gelegt werden sollen (vgl. Fink 2009, S. 221).

2.3.3 ADL-Matrix (20-Felder-Matrix)

Ein weiterer Portfolio-Ansatz ist die **Marktlebenszyklus-Wettbewerbsposition-Matrix**, die in den 1970er Jahren von der Managementberatung Arthur D. Little entwickelt wurde. Der Ansatz greift die Grundidee der BCG- und der McKinsey-Matrix auf, indem zur Einschätzung von strategischen Geschäftseinheiten einerseits die unternehmensexternen, nicht beeinflussbaren Kräfte der Unternehmensumwelt (Marktattraktivität) und andererseits die spezifischen Stärken eines Unternehmens (Wettbewerbsstärke) berücksichtigt werden. Im Gegensatz zur BCG-Matrix werden zur Bestimmung der Wettbewerbsstärke nicht *ein* quantitatives Kriterium wie der relative Marktanteil, sondern – vergleichbar mit dem McKinsey-Ansatz – mehrere Ausprägungen der Wettbewerbsposition herangezogen. Dabei werden die fünf Stufen „dominant", „stark", „günstig", „haltbar" und „schwach" unterschieden. Ein weiterer Unterschied besteht darin, dass die Marktattraktivität nicht durch das Kriterium „Marktwachstum" abgebildet wird, sondern unmittelbar durch die Lebenszyklusphase, in der sich die Geschäftseinheit befindet. Bei fünf Wettbewerbspositionen und vier Phasen des Marktlebenszyklus (Einführung, Wachstum, Reife, Rückgang) ergeben sich insgesamt 20 Matrixfelder.

Den Matrixfeldern werden sodann die in Abb. 2.7 dargestellten 20 Normstrategien zugeordnet. Die Liste dieser Strategieempfehlungen ähnelt durchaus den Normstrategien der BCG- und der McKinsey-Matrix, wobei die ADL-Matrix die Umweltkonstellationen in Form der Lebenszyklusphasen stärker ausdifferenziert.

2.4 Tools zur Formulierung der strategischen Stoßrichtungen

Strategien werden bewusst gestaltet und sind somit geplant. Der Prozess der Strategieformulierung ist vernunftgeleitet. Strategien sind der Weg, der zum Ziel führen soll. Sie werden aus den Unternehmenszielen abgeleitet und bilden das Fun-

Wettbewerbs-position	Lebenszyklusphase			
	Einführung	Wachstum	Reife	Rückgang
Dominant	Marktanteil hinzugewinnen oder mindestens halten	Position halten, Marktanteil halten	Position halten, mit der Branche wachsen	Position halten
Stark	Investieren, um Position zu verbessern; Marktanteilsgewinnung (intensiv)	Investieren, um Position zu verbessern; selektive Marktanteilsgewinnung	Position halten, mit der Branche wachsen	Position halten oder ernten
Günstig	Selektive oder volle Marktanteilsgewinnung; selektive Verbesserung der Wettbewerbsposition	Versuchsweise Position verbessern; selektive Marktanteilsgewinnung	Minimale Investition; Aufsuchen einer Nische	Ernten oder stufenweise Reduzierung des Engagements
Haltbar	Selektive Verbesserung der Wettbewerbsposition	Aufsuchen und Erhalten einer Nische	Aufsuchen einer Nische oder stufenweise Reduzierung des Engagements	Stufenweise Reduzierung des Engagements oder Liquidierung
Schwach	Starke Verbesserung oder Rückzug	Starke Verbesserung oder Liquidierung	Stufenweise Reduzierung des Engagements	Liquidierung

Abb. 2.7 Normstrategien der 20-Felder-Matrix von Arthur D. Little

dament für die Maßnahmenrealisierung. Folgende Strategien, die zum Rüstzeug eines jeden Beraters zählen, sollen hier kurz behandelt werden:

- Wachstumsstrategien
- Strategien in schrumpfenden Märkten
- Wettbewerbsstrategien
- Markteintrittsstrategien.

2.4.1 Wachstumsstrategien

Um die groben Ausrichtungsdimensionen der Produkte bzw. strategischen Geschäftseinheiten eines Unternehmens zu bestimmen, kann die sog. **Produkt-Markt-Matrix** von Ansoff herangezogen werden. Die danach generell möglichen strategischen Stoßrichtungen Ansoff [1966, S. 132] spricht von *Wachstumsvektoren)* lassen sich durch vier grundlegende Produkt/Markt-Kombinationen **(Marktfelder)** beschreiben (siehe Abb. 4.50). Die finale strategische Stoßrichtung für jedes Produkt/jede Dienstleistung bzw. jede Geschäftseinheit wird auch als **Marktfeldstrategie** bezeichnet (vgl. Becker 2009, S. 148 ff.).

Diese bietet vier Optionen an:

- Marktdurchdringungsstrategie (gegenwärtiges Produkt/gegenwärtige Dienstleistung im gegenwärtigen Markt)
- Marktentwicklungsstrategie (gegenwärtiges Produkt/gegenwärtige Dienstleistung in einem neuen Markt)
- Produktentwicklungsstrategie (neues Produkt/neue Dienstleistung im gegenwärtigen Markt)
- Diversifikationsstrategie (neues Produkt/neue Dienstleistung in einem neuen Markt).

Um die prinzipielle Entscheidung, welches oder welche Marktfelder auszuwählen sind, kommt kein Unternehmen herum. Typisch für die Produkt-Markt-Entscheidung ist, dass einzelne, aber auch mehrere Marktfelder besetzt werden können. Dies kann gleichzeitig geschehen, oder aber in einer bestimmten Abfolge (vgl. Becker 2009, S. 148).

2.4.2 Strategien in schrumpfenden Märkten

Während den Wachstumsstrategien seit jeher eine besondere Aufmerksamkeit geschenkt wird, hat sich die betriebswirtschaftliche Literatur bislang nur wenig mit der Stagnation oder Schrumpfung von Märkten befasst. Doch genauso wie das Wachstum verlangt auch die Schrumpfung von Märkten, die in demografischen und technologischen Entwicklungen, im Wertewandel oder in veränderten staatlichen Rahmenbedingungen begründet sein können, ein strategisches und rational gestaltetes Vorgehen.

Grundsätzlich bestehen in schrumpfenden bzw. stagnierenden Märkten die Möglichkeiten zur Umsetzung einer Stabilisierungsstrategie oder einer Schrumpfungsstrategie (Desinvestitionsstrategie). Während sich bei der Stabilisierungsstrategie die Optionen einer Haltestrategie oder einer Konsolidierungsstrategie ergeben, besteht bei der Schrumpfungsstrategie die Möglichkeit der Veräußerung oder der Liquidation.

Abbildung 2.8 gibt einen Überblick über die genannten strategischen Stoßrichtungen.

2.4.3 Wettbewerbsstrategien

Der **Produkt bzw. Leistungsvorteil** auf der einen und der **Preisvorteil** auf der anderen Seite bilden die beiden grundsätzlichen Alternativen zur Beeinflussung des

Abnehmerverhaltens und damit zur Erzielung eines Wettbewerbsvorteils. Demzufolge können die Unternehmen zwischen zwei grundlegenden Wettbewerbshebeln bzw. Mechanismen der Marktbeeinflussung wählen (vgl. Becker 2009, S. 180):

- **Qualitätswettbewerb** (engl. *Non-Price Competition*) und
- **Preiswettbewerb** (engl. *Price Competition*).
- Das Denken in Wettbewerbsvorteilen ist die zentrale Idee der beiden grundlegenden Strategiemuster:
- **Präferenzstrategie** und
- **Preis-Mengen-Strategie**.

Beide strategischen Beeinflussungsformen von Märkten bezeichnet Jochen Becker als **Marktstimulierungsstrategien**. Die Präferenzstrategie verfolgt das Ziel, durch den Einsatz von nicht-preislichen Wettbewerbsmitteln eine bevorzugte Stellung bei den Abnehmern zu erzeugen. Die Preis-Mengen-Strategie dagegen konzentriert alle Marketingaktivitäten auf preispolitische Maßnahmen (vgl. Becker 2009, S. 180).

In der Strategiesystematik von Michael E. Porter (1995, S. 63 ff.) werden die beiden Alternativen als

- **Qualitätsführerschaft** (Differenzierungsstrategie) und
- **Kostenführerschaft** (aggressive Preisstrategie)

bezeichnet. Sie bilden die Eckpfeiler der Porterschen **Wettbewerbsstrategien** und entsprechen damit im Prinzip den Marktstimulierungsstrategien. Wenn es auch

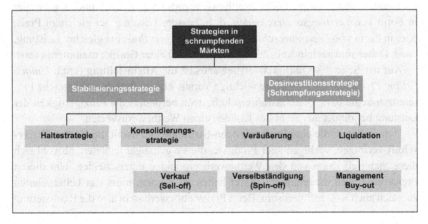

Abb. 2.8 Strategien in schrumpfenden Märkten

	Qualitätswettbewerb	Preiswettbewerb	
Strategiebezeichnung nach BECKER	Präferenzstrategie	Preis-Mengen-Strategie	Marktstimulierungs-strategien
Strategiebezeichnung nach PORTER	Qualitätsführerschaft (Differenzierungsstrategie)	Kostenführerschaft (aggressive Preisstrategie)	Wettbewerbs-strategien
Wettbewerbsvorteil	Produkt- bzw. Leistungsvorteil	Preisvorteil	
Ziel	Gewinn vor Umsatz/Marktanteil	Umsatz/Marktanteil vor Gewinn	
Charakteristik	• Hochpreiskonzept über den Aufbau von Präferenzen durch Image, Design, Qualität, Service etc. • Erarbeitung eines „monopo-listischen Bereichs" • Kundenfindung/-bindung durch klares Markenimage	• Niedrigpreiskonzept durch Verzicht auf Aufbau echter Präferenzen, dafür Preisvorteil • Kundenfindung/-bindung allein über aggressive Preispolitik • Kostenvorsprung u.a. durch Skaleneffekte, Verbundeffekte, Erfahrungskurveneffekte	
Hauptzielgruppe	Markenkäufer	Preiskäufer	
Wirkungsweise	„Langsam-Strategie" – Aufbau einer Markenprä-ferenz ist langwierig	„Schnell-Strategie" – ange-strebtes Preisimage kann relativ schnell geschaffen werden	
Dominanter Bereich	Marketingbereich	Produktionsbereich	

Abb. 2.9 Unterschiede zwischen Qualitäts- und Preiswettbewerb

im Detail Unterschiede zwischen beiden Strategiesystematiken geben mag (zur Diskussion über diese Unterschiede siehe insbesondere Becker 2009, S. 180 und Meffert et al. 2008, S. 299), so gehen doch beide Ansätze von zwei identischen Wettbewerbsvorteilen aus: dem Produkt- bzw. Leistungsvorteil einerseits und dem Preisvorteil andererseits. Diese Wettbewerbsvorteile nehmen Kunden entweder in Form von *Leistungsunterschieden*, d. h. bessere Leistung bei gleichem Preis, oder in Form von *Preisunterschieden*, d. h. niedrigerer Preis bei gleicher Leistung, wahr. Daher sind auch in Abb. 2.9 beide Ansätze zu einer Grafik zusammengefasst.

Auf der Seite des **Qualitätswettbewerbs** ist die **Alleinstellung** (engl. *Unique Selling Proposition = USP*) eine wichtige Voraussetzung für eine erfolgreiche Prä-ferenzstrategie bzw. Qualitätsführerschaft, denn besonders die Einzigartigkeit der Leistung begründet aus Sicht des Kunden einen Wettbewerbsvorteil.

Unternehmen, die eine **Preis-Mengen-Strategie** und damit die **Kostenführer-schaft** verfolgen, verfügen über Produkte, die sie günstiger anbieten, obwohl sich diese materiell kaum von den Wettbewerbsprodukten unterscheiden. Um diesen Preisvorteil auch dauerhaft im Markt halten zu können, muss das Unternehmen zugleich auch Kostenführer sein. Beim Preiswettbewerb steht also die Realisierung eines Kostenvorsprungs (Erfahrungskosten-, Skalen- und Verbundeffekte) im Vordergrund einer erfolgreichen Preis-Mengen-Strategie.

Porter betont in diesem Zusammenhang, dass Unternehmen sich eindeutig für eine der beiden Optionen entscheiden müssen, da sonst die Gefahr eines *„Stuck in the Middle"*, also einer Zwischenposition ohne klare Wettbewerbsvorteile, drohe (vgl. Porter 1986, S. 38 f.).

Abbildung 2.10 verdeutlicht diesen Zusammenhang. Allerdings stellt sich die Frage, ob eine einmalige Entscheidung zwischen Kostenführerschaft und Qualitätsführerschaft (Differenzierung) ausreicht, um den langfristigen Erfolg zu sichern. Ist es nicht vielmehr naheliegend, angesichts der laufenden Veränderungen im Markt- und Wettbewerbsumfeld auch eine Veränderung der strategischen Stoßrichtung bzw. eine Kombination beider Optionen vorzunehmen? Die hiermit angesprochenen **hybriden Wettbewerbsstrategien** verstoßen zwar auf den ersten Blick gegen die klassische Zweiteilung, wenn Unternehmen jedoch zum richtigen Zeitpunkt zwischen Kostenführerschaft und Differenzierung wechseln, können sie Wettbewerbern durchaus überlegen sein (vgl. Müller-Stewens und Lechner 2001, S. 201).

Mit jeder Wettbewerbsstrategie ist auch die Entscheidung über die **Breite der Marktbearbeitung** verbunden, da bei weitem nicht alle Unternehmen in der Lage sind, eine Abdeckung des Gesamtmarktes vorzunehmen. Somit stellt sich in einer

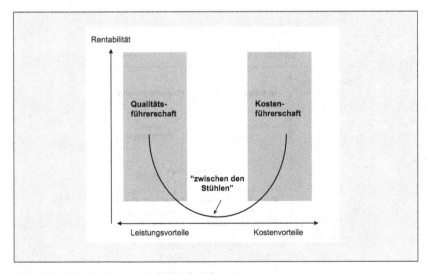

Abb. 2.10 Die „Stuck-in-the-Middle"-Position

zweiten Dimension die Frage nach der Fokussierung auf bestimmte Kundengruppen oder auf abgegrenzte Regionen. Solche **Fokus- oder Nischenstrategien** sind damit – neben der Differenzierung und Kostenführerschaft – der dritte *generische* Strategietyp nach Porter.

Wesentlicher Vorteil dieser Konzentration ist, dass sich der Produzent voll und ganz auf die speziellen Anforderungen der Kunden im speziellen Marktsegment ausrichten kann. Besonders kleine und mittlere Anbieter fokussieren sich auf einzelne Segmente, während größere Wettbewerber zumeist versuchen, den Markt breit anzugehen. Auch bei der Nischenstrategie stehen den Anbietern zwei Optionen zur Verfügung: der Differenzierungs- und der Kostenfokus (siehe Abb. 2.11).

Der **Differenzierungsfokus** empfiehlt sich dann, wenn ein Unternehmen ein spezifisches Bedürfnis, das Gesamtmarktanbieter nicht gut genug befriedigen können, besser bedienen kann. Ebenso kann es sein, dass ein Unternehmen einen *Kostenvorsprung* gegenüber den Gesamtmarktanbietern in Form einer **selektiven Kostenführerschaft** zu realisieren vermag (vgl. Müller-Stewens und Lechner 2001, S. 204).

2.4.4 Markteintrittsstrategien

Die technologieorientierten strategischen Stoßrichtungen beim Markteintritt (engl. *Time-to-Market*) sind die Pionierstrategie und die Nachfolgerstrategie. Letzte-

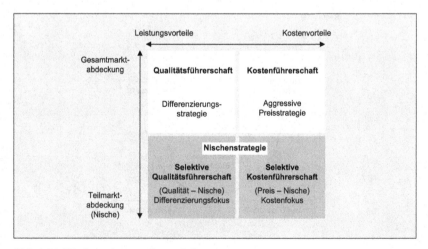

Abb. 2.11 Wettbewerbsstrategien nach Porter

re unterteilt sich wiederum in Strategien des frühen Nachfolgers und des späten Nachfolgers (siehe Abb. 2.12).

Die **Pionierstrategie** (engl. *First-to-Market*), bei dem das Unternehmen mit dem neuen Produkt als Erstes in den Markt eintritt, hat zunächst einmal den Vorteil einer kurzzeitigen Monopolstellung. Damit hat der Pionier – zumindest vorübergehend – die Möglichkeit, den Preis abzuschöpfen und Marktstandards zu setzen. Der Schwerpunkt dieser Strategie liegt zunächst in der Markterschließung, später in der Verteidigung der Marktposition. So kann der Pionier wirksame Markteintrittsbarrieren aufbauen und in der Regel das Produkt über einen längeren Zeitraum absetzen als die Nachfolger. Dem hohen Chancenpotenzial sind jedoch die Nachteile eines Pioniers gegenüberzustellen, die vor allem aus den hohen Kosten und dem Zeitaufwand für die Forschung und Entwicklung, den hohen Kosten der Markterschließung (von denen auch die nachfolgenden Unternehmen profitieren), dem Markt- bzw. Nachfragerisiko und dem technologischen Risiko bestehen.

Der **frühe Folger** (engl. *Second-to-Market*) tritt vergleichsweise kurz nach dem Pionier in den Markt ein und kann unmittelbar an das Pionier-Konzept anknüpfen. Der frühe Folger hat durchaus gute Marktchancen, muss aber bereits mit ersten Preiszugeständnissen rechnen. Die Strategie des frühen Folgers bringt die Vorteile mit sich, ähnliche, wenn auch geringer ausgeprägte Absatz-, Kosten- und Preisvorteile wie der Pionier erreichen und langfristig einen relativ großen Marktanteil erzielen zu können. Gleichzeitig werden aber die anfangs hohen Risiken des Pio-

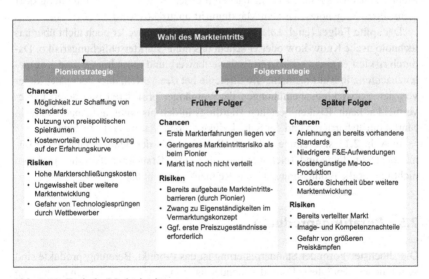

Abb. 2.12 Typische Markteintrittsmuster

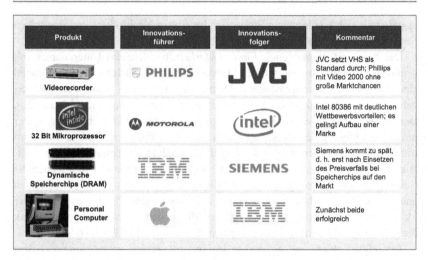

Abb. 2.13 Beispiele für Innovationsführer und Innovationsfolger in der ITK-Branche

niers vermieden. Aus dem beobachtbaren Verhalten des Pioniers und der Kunden können zusätzliche Erkenntnisse für den eigenen späteren Markteintritt gewonnen werden. Das Risiko der Strategie des frühen Folgers ist darin zu sehen, dass der Pionier zunächst so hohe Eintrittsbarrieren errichtet (z. B. Patentanmeldung oder Limit-Preis-Angebote), dass ein Markteintritt unattraktiv wird.

Der **späte Folger** (engl. *Later-to-Market*) verfügt entweder noch nicht über das technologische Know-how oder er scheut das hohe Markterschließungsrisiko. Dadurch riskiert er einen schärferen Preiswettbewerb und muss Image- und Kompetenznachteile in Kauf nehmen. Die Strategie hat den Vorteil, dass der späte Folger von den Entwicklungsbemühungen der Vorgänger profitiert und deren Fehler vermeiden kann. Risiken bestehen allerdings in den bis dahin aufgebauten hohen Markteintrittsbarrieren und der Schwierigkeit, noch Marktanteile zu erringen.

In Abb. 2.13 sind einige bekannte Beispiele aus der dem Bereich der Informationstechnologie und Telekommunikation (ITK-Branche) aufgeführt, in denen nicht immer die Pionierstrategie „das Rennen" gemacht hat.

2.5 Beratungsprodukte

Die „höchste" Form der Standardisierung ist das Produkt. Beratungsprodukte sind somit die ausgeprägteste Form der Standardisierung und lassen sich am leichtesten im Markt kommunizieren. Im Folgenden sollen unter der Vielzahl von existierenden Beratungsprodukten vier Beispiele vorgestellt werden:

- Gemeinkostenwertanalyse (GWA)
- Nachfolgeregelung
- Mergers & Acquisitions (M&A)
- Business Process Reengineering.

2.5.1 Gemeinkostenwertanalyse

Fragt man in der Beratungsszene nach bekannten Beratungsprodukten, so wird zuerst immer wieder die **Gemeinkostenwertanalyse (GWA)** genannt. Sie ist wohl weltweit nicht nur das bekannteste, sondern auch eines der effektivsten Produkte im Beratungsumfeld. Die Gemeinkostenwertanalyse (engl. *Overhead Value Analysis – OVA*) wurde zu Beginn der 1970er Jahre von zwei McKinsey-Partnern in New York entwickelt und zur Sanierung von mehreren Unternehmen erfolgreich eingesetzt. Es zeigte sich, dass gerade im Gemeinkostenbereich, der bis dahin kaum angetastet wurde, ein erhebliches Kosteneinsparungspotential besteht. Bereits 1985 wurde die GWA in mehr als 100 deutschen Unternehmen eingesetzt. Es wird davon ausgegangen, dass der aus der Analyse unmittelbar hervorgegangene materielle Nutzen über die Höhe des Kostensenkungspotentials zwischen 10 und 20 % des ursprünglichen Gemeinkostenvolumens liegt (vgl. Macharzina und Wolf 2010, S. 828 unter Bezugnahme auf Roever 1985, S. 20 f.).

Die GWA ist ein von Beratern begleitetes Interventionsprogramm mit dem Ziel der Kostensenkung im Verwaltungsbereich von Unternehmen durch

- den Abbau nicht zielgerichteter, d. h. unnötiger Leistungen (= Effektivität) und
- eine rationellere Aufgabenerfüllung (= Effizienz), d. h. erhaltenswerte Leistungen sollen kostengünstiger erstellt werden.

In einem systematischen Prozess, der aus **drei Phasen** besteht (siehe Abb. 2.14), wird nach dem Prinzip der Wertanalyse untersucht, ob in den einzelnen Gemeinkostenstellen Kosten und Nutzen der erbrachten Leistungen in einem sinnvollen Verhältnis zueinander stehen. Hauptziel des Prozesses ist die Senkung der Gemeinkosten um bis zu 40 %.

McKinsey knüpft den Erfolg der GWA an einige wesentliche Bedingungen (vgl. Schwarz 1983, S. 5 f.):

- Die GWA muss höchste Priorität im Unternehmen haben und von den obersten Führungskräften uneingeschränkt unterstützt werden.
- Die GWA dient nicht der Vergangenheitsbewältigung und kennt keine „heiligen Kühe" und Tabus.

Abb. 2.14 Ablauf der Gemeinkostenwertanalyse

• Die GWA erfordert den Zugang zu allen Unterlagen und die Analyse sämtlicher Kosten-Nutzen-Verhältnisse.

• Die GWA soll nur von den besten Mitarbeitern durchgeführt werden.

2.5.2 Nachfolgeregelung

Mit der Regelung seiner Nachfolge muss sich jeder Unternehmer zwangsläufig früher oder später befassen. **Nachfolgeregelung** wird als Synonym für den Begriff *Unternehmensnachfolge* verwendet und beschreibt den Prozess der Übergabe der Leitung eines typischerweise mittelständischen Unternehmens an einen Nachfolger. Da die Nachfolgeregelung aus Sicht des Beraters zu den wiederholbaren, standardisierten Problemlösungsprozessen zählt, lässt sich die Nachfolgeregelung ebenfalls den *Beratungsprodukten* zuordnen. Zwar gibt es eine Vielzahl von individuellen Varianten und Gestaltungsmöglichkeiten einer Nachfolgeregelung, jedoch ist das Ablaufschema, also das Phasenkonzept bzw. das Flussdiagramm für die beraterische Unterstützung von Fall zu Fall nahezu identisch und damit standardisierbar.

Die **Nachfolgeregelungsberatung** umfasst folgende Schwerpunkte (vgl. Niedereichholz 2008, S. 240):

- Suche und Auswahl eines Nachfolgers
- Regelung der schrittweisen Führungsübergabe
- Planung der Übergangsregelungen
- Einsetzen eines Beirats
- Vermeidung unnötiger Liquiditätsabflüsse (z. B. vorweggenommene Erbfolge durch Schenkung).

Der Standardprozess für die beraterische Unterstützung der Nachfolgeregelung besteht in der Regel aus folgenden **fünf Phasen**, die in Abb. 2.15 aufgelistet sind (vgl. Niedereichholz 2008, S. 241 ff.):

2.5.3 Mergers & Acquisitions

Im Falle des Eintritts in ein neues Geschäftsfeld oder der Ausweitung eines bestehenden Geschäftsfeldes stellt sich die Frage, ob diese Wachstumsstrategien aus eigener Kraft oder durch den Erwerb des bereits bestehenden Geschäfts eines anderen Unternehmens erfolgen sollen. Damit erlangen Fragestellungen, die den Kauf von oder die Fusion mit anderen Unternehmen oder deren Geschäftseinheiten betreffen, eine besondere Bedeutung. Spiegelbildlich gesehen gilt das Gleiche für den Fall, dass – falls es das eigene Portfolio nahe legt – eine vorhandene Geschäftseinheit aufgegeben bzw. veräußert werden soll. Alle Aspekte, die mit dem Erwerb, dem Verkauf oder dem Zusammenschluss von Unternehmen oder Unternehmenseinheiten zusammenhängen, werden dem angelsächsischen Begriff **Mer-**

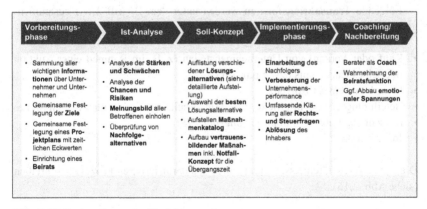

Abb. 2.15 Prozessphasen der Nachfolgeregelung

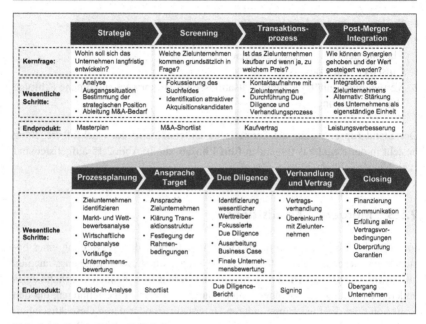

Abb. 2.16 Ganzheitlicher M&A-Prozessansatz

gers & Acquisitions (M&A) zugeordnet. Neben Unternehmensberatern sind hier vor allem Investmentbanken sowie Wirtschaftsprüfungs- und Steuerberatungsgesellschaften zur Unterstützung des jeweiligen Managements aktiv (vgl. Fink 2009, S. 157).

Folgende **Transaktionsformen** werden unter dem Begriff *M&A* zusammengefasst (vgl. Schramm 2011, S. 5):

- Kauf oder Verkauf von Unternehmensteilen (z. B. im Rahmen einer Auktion oder eines Carve-outs bzw. Spin-offs)
- Erwerb aus einer Insolvenz
- Beteiligungserwerb mit Mehr- oder Minderheitsbeteiligung im weiteren Sinne
- Börsengang (engl. *Initial public offering – IPO*)
- Joint Venture.

Die M&A-Aktivitäten lassen durch einen standardisierbaren Prozess beschreiben (siehe Abb. 2.16).

2.5.4 Business Process Reengineering

Das Geschäftsprozessmanagement – und damit die Prozessidee – hat über das Business Process Reengineering von Hammer und Champy Eingang in die moderne Managementlehre gefunden. Die Prozessidee besteht darin, gedanklich einen 90-Grad-Shift der Organisation vorzunehmen. Durch den Wechsel der Perspektive dominieren bei der Prozessorganisation nicht mehr die Abteilungen die Abläufe, sondern der Fokus liegt auf Vorgangsketten bzw. Prozessen, die auf den Kunden ausgerichtet sind.

Ein Prozess ist eine Struktur, deren Aufgaben durch logische Folgebeziehungen miteinander verknüpft sind. Jeder Prozess wird durch einen Input initiiert und führt zu einem Output, der einen Wert für den Kunden schafft. Innerhalb des Prozesses werden Vorgaben (=Input) in Ergebnisse (=Output) umgewandelt. Geschäftsprozesse betrachten die einzelnen Funktionen in Unternehmen also nicht isoliert, sondern als wertsteigernde Abfolge von Funktionen und Aufgaben, die über mehrere organisatorische Einheiten verteilt sein können (vgl. Schmelzer und Sesselmann 2006).

Prozesse wiederum bilden eine Folge von Prozessen im Unternehmen und werden durch Anforderungen des Kunden für den Kunden umgesetzt. Unter Kunden sind dabei sowohl externe als auch interne Kunden zu verstehen. Jeder Prozess liefert Ergebnisse, mit denen der anschließende Prozess weiter arbeitet. Das Verhältnis zwischen aufeinander folgenden Prozessen ist eine Kunde-Lieferant-Beziehung. Mit dem letzten Prozess der Prozesskette erfolgt die Erstellung der betrieblichen Leistung für den Kunden. Die Prozesskette ist linear und Teil der betrieblichen Wertschöpfungskette. Die Durchführung von Prozessschritten wird durch Informationen gesteuert. Die Verbesserung der Prozesse wird heutzutage durch betriebswirtschaftliche Software vorgenommen.

Jedem Prozess kommen damit drei verschiedene Rollen zu:

- Der betrachtete Prozess ist **Kunde** von Materialien und Informationen eines vorausgehenden Prozesses.
- Der betrachtete Prozess ist **Verarbeiter** der erhaltenen Leistungen.
- Der betrachtete Prozess übernimmt die Rolle eines **Lieferanten** gemäß den Anforderungen des nachfolgenden Prozesses und gibt die erstellten Ergebnisse weiter.

Bei der prozessorientierten Organisation eines Unternehmens wird versucht, Prozessziele und die hieraus resultierenden Ergebnisse in den Vordergrund zu stellen. Diese sind im Regelfall nicht deckungsgleich, wenn man sie mit den Abteilungs- bzw. Bereichszielen und -ergebnissen der klassischen Organisation vergleicht.

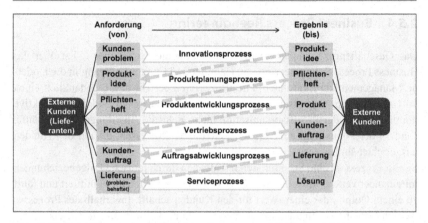

Abb. 2.17 Geschäftsprozesse in Industrieunternehmen mit Serienprodukten

Der zunehmende Zwang zur Dezentralisierung im Hinblick auf Markt- und
Kundennähe, zur Umgestaltung der Produktpalette, zur Reduktion des Verwal-
tungsaufwands, zur Verflachung der Hierarchien u. ä. führt in immer kürzeren Abständen zur Verlagerung oder zum Wegfall von Aufgaben und zu neuen Schnitt-
stellen in der Organisation. Diesem permanenten Wandel wird das herkömmliche
Organisationsverständnis mit hochgradig zentralistischen und arbeitsteiligen
Strukturen aber nicht mehr gerecht. Gefragt sind also weniger stör- und krisenan-
fällige Organisationsformen, wie dies bei der Prozessorganisation der Fall ist (vgl.
Doppler und Lauterburg 2005, S. 37, 55).

Business Process Reengineering bedeutet fundamentales Umdenken und radi-
kales Neugestalten von Geschäftsprozessen, um **dramatische Verbesserungen**
bei bedeutenden Kennzahlen wie Kosten, Qualität, Service und Durchlaufzeit zu
erreichen. Beim Business Process Reengineering geht es nicht um marginale Veränderungen, sondern um **Quantensprünge**. Verbesserungen von 50 % und mehr
sind gefordert. Das bedeutet nicht nur die Abkehr vom rein funktionalen Denken,
sondern **neue Management- und Teamkulturen** sind erforderlich (vgl. Hammer
und Champy 1994, S. 12, 113 f.).

Kundenorientierung ist also die zentrale Leitlinie des Geschäftsprozessmanagements. Je besser und effizienter ein Unternehmen seine Geschäftsprozesse be-
herrscht und die Kundenanforderungen erfüllt, umso wettbewerbsfähiger wird es
sein. Beispiele für die wichtigsten Geschäftsprozesse eines Industrieunternehmens
liefert Abb. 2.17. Die dort aufgeführten Geschäftsprozesse haben jeweils einen Bezug zum Kunden.

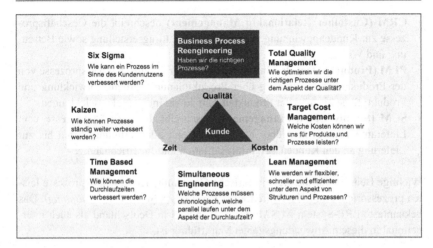

Abb. 2.18 Beratungsansätze (Auswahl) bei der Prozessgestaltung

Amerikanische und deutsche Unternehmensberatungen trugen wesentlich dazu bei, das Prozessbewusstsein zu verbreiten. So hat fast jedes Beratungsunternehmen zwischenzeitlich seine eigenen Methoden und Techniken zur Prozessorganisation entwickelt. Es verwundert daher auch nicht, dass sich für ein und dieselbe Idee eine ganze Reihe **synonymer Begriffe** etabliert haben: *Business Process Redesign, Business Reengineering, Process Innovation, Core Process Redesign, Process Redesign* und *Business Engineering* oder allgemein *Business Process Management – BPM.*

Im Gegensatz zu dieser Begriffsvielfalt rund um das *Business Process Reengineering* gibt es aber noch weitere, teilweise ergänzende Ansätze, die sich im „magischen" Dreieck von Qualität, Zeit und Kosten mit etwas anderen Zielsetzungen bei der Prozessbetrachtung bewährt haben [siehe hierzu insbesondere die ausführliche Darstellung bei Schmelzer und Sesselmann 2006]. Eine Beschreibung dieser **Beratungs- bzw. Managementansätze** würde den hier vorgegebenen Rahmen sprengen. Stattdessen sind in Abb. 2.18 einige Ansätze mit ihrer zentralen Fragestellungen aufgeführt.

Geschäftsprozesse, die zu Prozessketten verknüpft sind und deren Output idealerweise einen höheren Wert für das Unternehmen darstellt als der ursprünglich eingesetzte Input, werden als **Wertschöpfungsketten** (Wertketten) bezeichnet. Zu den bekanntesten Wertschöpfungsketten zählen:

- **CRM (Customer Relationship Management)** beschreibt die Geschäftsprozesse zur Kundengewinnung, Angebots- und Auftragserstellung sowie Betreuung und Wartung.
- **PLM (Product Lifecycle Management)** beschreibt die Geschäftsprozesse von der Produktportfolio-Planung über Produktplanung, Produktentwicklung und Produktpflege bis hin zum Produktauslauf sowie Individualentwicklungen.
- **SCM (Supply Chain Management)** beschreibt die Geschäftsprozesse vom Lieferantenmanagement über den Einkauf und alle Fertigungsstufen bis zur Lieferung an den Kunden ggf. mit Installation und Inbetriebnahme.

Wichtige Beiträge für die organisatorische Gestaltung der Geschäftsprozesse leisten prozessorientierte **ERP-Systeme** *(ERP = Enterprise Resource Planning)*. Das bekannteste ERP-System ist SAP R/3, das sowohl in Deutschland als auch international in diesem Anwendungsgebiet Marktführer ist.

2.6   Modellierungstools im Geschäftsprozessmanagement

Im Rahmen des **Geschäftsprozessmanagements** werden Abläufe in Unternehmen beschrieben, dokumentiert, optimiert und überwacht. Zur standardisierten Beschreibung von Prozessen werden grafische Modellierungsmethoden verwendet. Aufgrund des hohen Standardisierungsgrades werden diese Modellierungsmethoden hier den Beratungsprodukten zugeordnet. Sie haben den Vorteil gegenüber mathematischen Beschreibungssprachen, dass sie sich auch für Fachanwender aus betriebswirtschaftlichen Abteilungen leicht erschließen. Modellierungsmethoden geben zur Beschreibung der Realität eine spezifische Notation vor. Eine **Notation** legt fest, mit welchen Symbolen die verschiedenen Elemente von Prozessen dargestellt werden, was die Symbole bedeuten und wie sie kombiniert werden können. Ergebnis der Modellierung sind Prozessmodelle, aus denen sich die betriebswirtschaftliche Bedeutung auch für die sogenannten „business people" herauslesen lässt (vgl. Kocian 2011, S. 5 unter Bezugnahme auf Scheer 1995, S. 16; Allweyer 2009, S. 2 ff.).

Die standardisierte Beschreibung von Prozessen hat mehrere Vorteile bzw. Zielsetzungen (vgl. Kocian 2011, S. 5):

- Grafische Prozessmodelle bieten insbesondere fachlichen Anwendern sowie Anwendungsentwicklern eine grafische Basis für die gemeinsame Kommunikation.

- Prozessdokumentationen lassen zur ISO-Zertifizierung und damit zum Qualitätsmanagement nutzen.
- Die Definition von Abläufen dient dazu, Gesetze und Vorschriften im Rahmen von Compliance Management (to comply = befolgen) Rechnung zu tragen.
- Schließlich ist es zukünftig vermehrt das Ziel, aus Prozessmodellen ausführbare, d. h. maschinenlesbare Prozesse zu generieren.

Im Folgenden sollen die beiden Notationen **ereignisgesteuerte Prozesskette (EPK)** (das „deutsche" Modell) sowie **Business Process Model and Notation (BPMN)** (das „amerikanische" Modell) als Darstellungsmethoden kurz vorgestellt werden. Beide Methoden haben ein großes Benutzerpotenzial

2.6.1   Ereignisorientierte Prozesskette (EPK)

Die EPK-Methode wurde 1992 von einer Arbeitsgruppe unter Leitung von August-Wilhelm Scheer an der Universität des Saarlandes im Rahmen eines von der SAP finanzierten Forschungsprojektes zur Beschreibung von Geschäftsprozessen entwickelt und in das **ARIS-Framework** (ARIS = Architecture of Integrated Information Systems) integriert (Vgl. Scheer 1998, S. 20).

Die Methode beschreibt den logischen Tätigkeitsfluss durch eine Folge von Funktionen und Ereignissen sowie durch logische Operatoren. Hauptelemente der EPK-Notation sind Ereignis, Funktion, Organisationseinheit, Informationsobjekt und Operatoren.

2.6.2   Business Process Model and Notation (BPMN)

Business Process Model and Notation **(BPMN 2.0)** wurde in der Version 2.0 offiziell im Januar 2011 durch die Object Management Group (OMG) veröffentlicht. Entwickelt wurde die „Business Process Modeling Notation" (Bezeichnung bis zur Version 1.2) maßgeblich von Stephen A. White, einem Mitarbeiter von IBM. BPMN ist eine sogenannte **Spezifikation**, die von der Webseite der OMG kostenfrei heruntergeladen werden kann (Open Source). Die Spezifikation zur BPMN definiert alle Symbole sowie die Regeln, nach denen sie kombiniert werden dürfen, um graphische Prozessmodelle zu erstellen. Sie regelt damit Syntax und Semantik. Die **Syntax** ist das System an Regeln, wie die Symbole kombiniert werden dürfen. Die **Semantik** legt die Bedeutung von Symbolen und ihren Beziehungen fest (vgl. Kocian 2011, S. 6).

Die grafischen Elemente der BPMN werden eingeteilt in

*   **Flow Objects** – die Knoten (Activity, Gateway und Event) in den Geschäftsprozessdiagrammen
*   **Connecting Objects** – die verbindenden Kanten in den Geschäftsprozessdiagrammen
*   **Pools und Swimlanes** – die Bereiche, mit denen Aktoren und Systeme dargestellt werden
*   **Artifacts** – weitere Elemente wie *Data Objects*, *Groups* und *Annotations* zur weiteren Dokumentation.

In Abb. 2.19 ist ein einfaches Anwendungsbeispiel „Auftragsbearbeitung" mit beiden Methoden grafisch dargestellt. Während das BPMN-Modell eine *effektivere* Anwendung zulässt, steht beim EPK-Modell die Anwender*freundlichkeit* im Vordergrund.

Insert

Anwendungsbeispiel „Auftragsbearbeitung" mit EPK und BPMN (Vergleich)

Nachdem der Auftrag eingegangen ist, wird dieser analysiert. Durch die Analyse wird entschieden, ob der Auftrag entweder angenommen oder abgelehnt wird . Der Fall der Ablehnung wird im Ablauf nicht weiter verfolgt. Ist der Auftrag angenommen, erfolgt die Prüfung des Lagerbestandes. Befinden sich die Produkte auf Lager, kann sofort mit der Versendung der Produkte begonnen werden. Befinden sich die Produkte nicht auf Lager, so muss Rohmaterial eingekauft werden und parallel dazu ein Produktions-plan erstellt werden. Sind die Rohmaterialien verfügbar und der Produktionsplan erstellt, so kann mit der Fertigung begonnen werden. Wenn die Produkte gefertigt sind bzw. schon im Lager vorhanden waren, werden diese versendet. Danach erfolgt die Versendung der Rechnung. Anschließend wird überprüft, ob noch offene Rechnungen vorhanden sind. Diese Prüfung kann sowohl positiv als auch negativ ausfallen. Wenn die Zahlung erfolgt, ist der Prozess komplett.

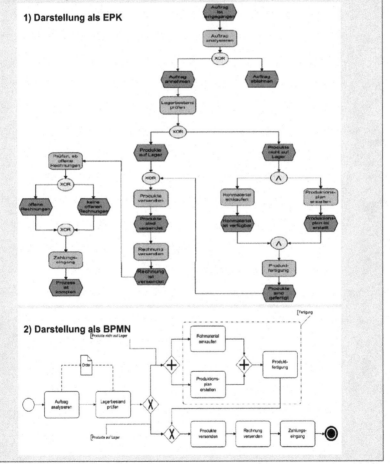

Abb. 2.19 Anwendungsbeispiel „Auftragsbearbeitung" mit EPK und BPMN (Vergleich)

Beratungstechnologien zur Implementierung

3

Die letzte Phase eines typischen Beratungsprozesses ist die *Implementierungsphase*, die sich aus den Prozessschritten *Realisierung/Umsetzung* und *Evaluierung/Kontrolle* zusammensetzt. Die Beratungstechnologien, die dem Berater für diese Phase zur Verfügung stehen, lassen sich demnach in *Projektmanagement- und Qualitätsmanagement-Tools sowie in Tools zur Evaluierung* unterteilen.

3.1 Projektmanagement-Tools

Das Projektmanagement befasst sich allgemein mit der Planung, Steuerung und Kontrolle von Projekten und ist damit eine zentrale Aktivität im Beratungsgeschäft. Somit sind Tools für das Projektmanagement zu wertvollen Instrumenten für jeden Projektmanager geworden. Mit ihrer Hilfe lassen sich Projekte so strukturieren, dass der Projektfortschritt jederzeit abrufbar ist und die individuellen Fortschritte aller Projektbeteiligten dokumentiert werden können. Verzögerungen und/oder Budgetüberschreitungen werden rechtzeitig sichtbar gemacht, so dass geeignete Gegenmaßnahmen eingeleitet werden können.

Angesichts der Vielzahl der zur Verfügung stehenden Projektmanagement-Tools, die von verschiedensten Unternehmen angeboten werden, soll hier jedoch auf eine Einzeldarstellung verzichtet werden. Stattdessen sollen im Folgenden ein weit verbreiteter methodischer Ansatz (Prince2) sowie eine Systematik (PMBoK), die eine *„Zusammenfassung des Wissens der Fachrichtung Projektmanagement"* enthält, herausgegriffen werden, um den derzeitigen Stand der Projektmanagement-Anwendung und -Forschung skizzieren zu können.

© Springer Fachmedien Wiesbaden 2016
D. Lippold, *Management- und Beratungstechnologien im Überblick,* essentials,
DOI 10.1007/978-3-658-12321-5_3

3.1.1 Prince2

Prince2 *(Projects in Controlled Environments)* ist eine der bekanntesten und am weitesten verbreiteten Projektmanagement-Methoden. So wurden bis Ende 2010 mehr als 750.000 Prince2-Zertifikate ausgestellt, davon allein 500.000 in Europa. In Großbritannien, wo die Methode 1989 mit dem Namen Prince im Auftrag der Regierung speziell für IT-Projekte entwickelt und 1996 als allgemeine Management-Methode mit der Bezeichnung Prince2 veröffentlicht wurde, hat sie sich zum De-facto-Standard für das Projektmanagement entwickelt. Die Weiterentwicklung der Methode erfolgt nach dem *Best-Practice*-Gedanken. Eigentümer der Methode ist das Office of Government Commerce (OGC), das auch die Akkreditierung für Prince2-Schulungsanbieter vornimmt. Die Verwendung der Methode steht jedem frei (vgl. OGC 2013).

Prince2 ist ein prozessorientiertes Vorgehensmodell innerhalb eines strukturierten Rahmens (engl. *Framework*), das den Mitgliedern des Projektmanagementteams konkrete Handlungsempfehlungen für jede Projektphase liefert. Es besteht aus vier integrierten Bausteinen (vgl. OGC 2009, S. 11 ff.):

- **Sieben Grundprinzipien**, die das Fundament der Methode bilden und daher nicht verändert werden dürfen;
- **Sieben Themen**, die auch als Wissensbereiche zu verstehen sind und jene Aspekte des Projektmanagements beschreiben, die bei der Abwicklung eines Projekts kontinuierlich behandelt werden müssen;
- **Sieben Prozesse**, die alle Aktivitäten definieren, die für das erfolgreiche Lenken, Managen und Liefern eines Projekts erforderlich sind;
- **Anpassung an die Projektumgebung**, die als standardisierter Baustein deshalb erforderlich ist, weil Prince2 in allen Projekten (unabhängig von Größe und Branche) angewendet werden kann.

3.1.2 PMBoK

Der **Project Management Body of Knowledge (PMBoK)** ist ein international weit verbreiteter Projektmanagement-Standard. Er wird vom amerikanischen Project Management Institute (PMI) herausgegeben und unterhalten. Seit der Erstausgabe von 1987 wurde PMBoK in unregelmäßigen Abständen neue Versionen veröffentlicht. Die fünfte und jüngste Version erschien im Januar 2013 und bildet die Grundlage aller PMBoK-Zertifizierungsprüfungen. Vom *Guide to the Project Management Body of Knowledge* wurden über 3,5 Mio. Exemplare verkauft (vgl. PMI 2013).

PMBoK beschäftigt sich mit der Anwendung von Fachwissen, Fertigkeiten, Werkzeugen und Techniken, um Projektanforderungen zu erfüllen, und sieht sich als umfassende Wissenssammlung (engl. *Body of Knowledge*) auf dem Gebiet des Projektmanagements. Der PMBoK Guide unterscheidet neun Wissensgebiete (engl. *Knowledge Areas*), auf die insgesamt 44 Managementprozesse verteilt werden (vgl. PMI 2004, S. 9, 41):

- Integrationsmanagement (engl. *Integration Management*) in Projekten
- Inhalts- und Umfangsmanagement (engl. *Scope Management*) in Projekten
- Termin- bzw. Zeitmanagement (engl. *Time Management*) in Projekten
- Kostenmanagement (engl. *Cost Management*) in Projekten
- Qualitätsmanagement (engl. *Quality Management*) in Projekten
- Personalmanagement (engl. *Human Resources Management*) in Projekten
- Kommunikationsmanagement (engl. *Communications Management*) in Projekten
- Risikomanagement (engl. *Risk Management*) in Projekten
- Beschaffungsmanagement (engl. *Procurement Management*) in Projekten

Abbildung 3.1 liefert eine Zuordnung der einzelnen Prozesse zu den neun Wissensgebieten.

3.2 Qualitätsmanagement-Tools

Die Auswahl und Zusammenstellung der **sieben Techniken der Qualitätssicherung** (engl. *Seven Tools of Quality*, auch Q7) gehen auf den Japaner Kaoru Ishikawa zurück. Es handelt sich dabei um eine Sammlung elementarer Qualitätswerkzeuge, die zur Unterstützung von Problemlösungsprozessen eingesetzt werden kann. Zum einen dienen sie zur Problemerkennung und zum anderen zur Problemanalyse.

Bei der **Problemerkennung** (bzw. Fehlererfassung) werden die Werkzeuge

- Fehlersammelliste (auch Strichliste),
- Histogramm und
- Kontrollkarte (auch Regelkarte)

eingesetzt. Sie liefern Informationen über Fehlerarten, -orte und -häufigkeiten und stellen diese grafisch dar.

In der **Problemanalyse** (bzw. Fehleranalyse) wird schwerpunktmäßig mit den Werkzeugen

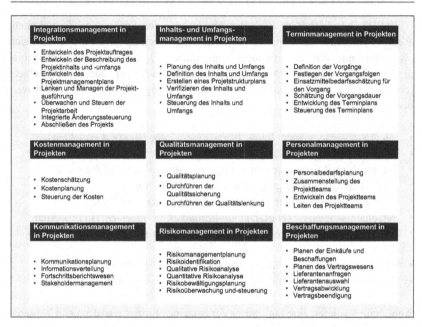

Abb. 3.1 Die neun Wissensgebiete und zugehörige Prozesse von PMBoK

- Ursache-Wirkungsdiagramm (auch Fischgräten- oder Ishikawa-Diagramm),
- Pareto-Diagramm (auch ABC-Analyse oder 80:20-Regel),
- Korrelationsdiagramm (auch Streudiagramm) und
- Flussdiagramm

gearbeitet. Mit diesen Tools werden Aussagen über Bedeutung und Ursachen von Fehlern, deren Wechselwirkungen sowie über die Reihenfolge von Prozessabläufen ermöglicht.

3.2.1 Fehlersammelliste

In der Praxis werden verschiedene Begriffe für die **Fehlersammelliste** verwendet: *Fehlersammelkarte, Datensammelblatt* oder *Strichliste*. Mit ihrer Hilfe können betriebliche Daten wie Fehleranzahl, -arten und -häufigkeiten oder die Anzahl fehlerhafter Produkte leicht erkannt, erfasst und übersichtlich dargestellt werden. Für die Festlegung der Fehlerarten kommen Produkte, eingesetzte Technologien und allgemeine betriebliche Gegebenheiten während des Herstellungsprozesses (z. B. Ausschuss) bis zur Anlieferung beim Kunden (z. B. Reklamationen) in Betracht.

Neben Fehlerarten können auch Klassen von Messwerten in übersichtlicher Form dargestellt werden. Die Klasseneinteilung lässt sich dann später dazu nutzen, die Verteilung der Messwerte in einem Histogramm (siehe nächster Abschnitt) grafisch zu dokumentieren. Abbildung 3.2 fasst die wichtigsten Fakten der Fehlersammelliste zusammen.

3.2.2 Histogramm

In einem **Histogramm** werden gesammelte Daten der Größe nach geordnet, zu Klassen zusammengefasst und als Säulen dargestellt. Die Höhe der Säule entspricht dabei dem Wert der Klasse. Die Säulen müssen nicht notwendig gleich breit sein. Anders als im Stab- oder Balkendiagramm werden bei der grafischen Darstellung der Verteilungen in den Klassen die relativen Klassenhäufigkeiten nicht durch die Höhen der Säulen, sondern durch die Flächeninhalte der Rechtecke beschrieben.

Voraussetzung für die Erstellung eines Histogramms ist die Vorlage ausreichender und geeigneter Messdaten. Diese Messdaten sollten *metrisch skaliert* sein (ein Wert muss besser oder schlechter sein als ein anderer und der Abstand beider voneinander muss messbar sein; z. B. die Zahlen 2 und 4). In Ausnahmefällen sind auch ordinal skalierte Daten zulässig (ein Wert muss besser oder schlechter sein als ein anderer, der Abstand ist jedoch nicht messbar; z. B. die Bewertungen „gut" und „sehr gut") oder qualitative Merkmale (kein Wert ist besser oder schlechter; z. B. die Geschlechter „Mann" und „Frau"). Messdaten müssen die beabsichtige

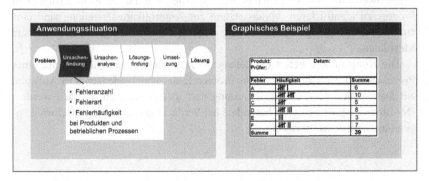

Abb. 3.2 Anwendungssituation und Beispiel für die Fehlersammelliste

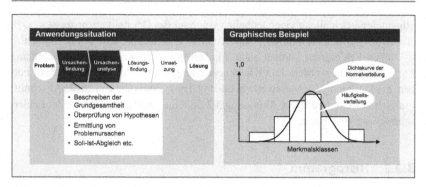

Abb. 3.3 Anwendungssituation und Beispiel für das Histogramm

Klassenbildung zulassen und es müssen sich genügend Klassen bilden lassen (mindestens mehr als eine).

Abbildung 3.3 fasst Anwendungssituation und Beispiel für das Histogramm noch einmal zusammen.

3.2.3 Kontrollkarte

Die **Kontrollkarte** (Kurzbeschreibung für *Qualitätsregelkarte (QRK)* oder auch einfach *Regelkarte* (engl. *[quality] control chart*)) wird vorwiegend im Qualitätsmanagement zur grafischen Darstellung und Auswertung von Prüfdaten eingesetzt. Auf ihr werden statistische Stichprobenkennzahlen (z. B. Stichprobenmittelwert und Standardabweichung) grafisch dargestellt. Ebenso sind auf der Kontrollkarte Warn- und Eingriffsgrenzen eingezeichnet (siehe Abb. 3.4). Ziel ist es, Leistungsabweichungen zu erkennen und zu lokalisieren und damit Problemstellen im Prozess zu identifizieren. Voraussetzung zur Kontrollkartenerstellung sind eine auf Wiederholung angelegte Erhebungsmethode sowie umfangreiche, konsistente Messdaten.

Die Kontrollkarte liefert ein datengestütztes, qualitatives Qualitätsbild eines Prozesses und verdeutlicht kritische Problemfelder und Tendenzen. Der Aufwand zur Datengenerierung und -aufbereitung darf jedoch nicht unterschätzt werden. Der Einsatz eignet sich ganz besonders bei Verdacht großer Leistungsschwankungen innerhalb eines Prozesses.

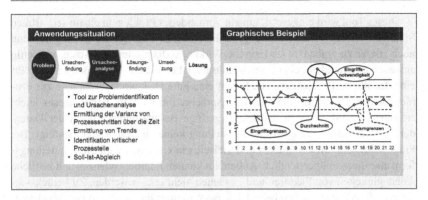

Abb. 3.4 Anwendungssituation und Beispiel für die Kontrollkarte

3.2.4 Ursache-Wirkungsdiagramm

Das **Ursache-Wirkungsdiagramm** (auch als *Fishbone*- oder *Ishikawa-Diagramm* bezeichnet), das von Ishikawa selbst entwickelt wurde, ist ein grafisches Analyseinstrument zur systematischen Untersuchung von Kausalbeziehungen. Dabei wird stets ein besonders dringliches Problem (z. B. ein Qualitätsmangel) in den Mittelpunkt der Untersuchung gestellt. Anschließend werden die Haupt- und Nebenursachen, die zu dem definierten Problem bzw. Effekt führen, herausgearbeitet und in Form einer „fischgrätenähnlichen" Grafik visualisiert (siehe Abb. 3.5, rechts).

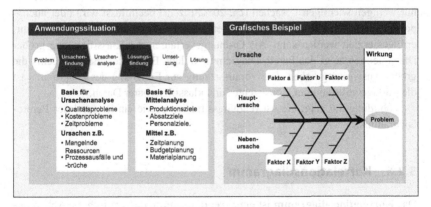

Abb. 3.5 Anwendungssituation und Beispiel für Ursache-Wirkungsdiagramm

Dieses Tool wird eingesetzt, um ein vorhandenes Problem in einem sehr frühen Stadium (bei der Ursachenfindung) zu untersuchen oder bei der Lösungsfindung noch „tiefer zu graben". Das Ursache-Wirkungs-Diagramm ist einfach, vielseitig anwendbar, ermöglicht ein besseres Kausalverständnis und liefert den Einstieg für eine detaillierte Problemanalyse. Sie ist eine gute Diskussionsgrundlage zur Problemanalyse für Team- und Kundengespräche. Ein weiterer Vorteil dieses leicht erlernbaren Werkzeugs ist der relativ geringe Beschaffungsaufwand der Daten, denn es werden für die grafische Darstellung keine „harten" Daten benötigt. Bei Fragestellungen mit komplexen und vielseitigen Ursachen wird die Darstellungsform allerdings unübersichtlich. Außerdem können Interdependenzen und zeitliche Anhängigkeiten von Faktoren und Ursachen nicht erfasst werden. Zu berücksichtigen ist ferner, dass es sich beim Ursache-Wirkungsdiagramm um ein subjektives Verfahren handelt, d. h. Vollständigkeit, Gewichtung und Überprüfung der Ursachen hängt von den Erfahrungen und Fähigkeiten der erstellenden Person ab (vgl. Andler 2008, S. 109).

3.2.5 Pareto-Diagramm

Das **Pareto-Diagramm** dient im Rahmen des Qualitätsmanagements zur Lokalisierung von Ursachen, die am stärksten zu einem Problem beitragen und damit zur Trennung von kleinen Problemen bzw. Ursachen. Die grafische Darstellungsform beruht auf dem sogenannten Pareto-Prinzip, das auf den italienischen Ökonom Vilfredo Pareto (1848–1923) zurück geht und allgemein als *80:20-Regel* oder *ABC-Analyse* bekannt ist. Es besagt, dass ein großer Teil eines Problems (ca. 80 %) von nur wenigen wichtigen Ursachen (ca. 20 %Prozent) beeinflusst wird oder auch – positiv ausgedrückt – dass mit 20 % der eingesetzten Ressourcen 80 % des Gesamterfolges erzielt werden kann. Als Ordnungsverfahren zur Klassifizierung großer Datenmengen zeigt das Pareto-Diagramm, welche Elemente eines Problems die größte Auswirkung haben. Die Voraussetzung zur Erstellung des Diagramms ist die Vorlage vollständiger, konsistenter und klassifizierbarer Daten.

Abbildung 3.6 zeigt die Anwendungssituation sowie ein Beispiel des Pareto-Diagramms.

3.2.6 Korrelationsdiagramm

Das **Korrelationsdiagramm** ist ein **Streudiagramm**, das grafisch die Abhängigkeit zweier Größen darstellt. Dabei werden Datenpaare in einem Koordinatensys-

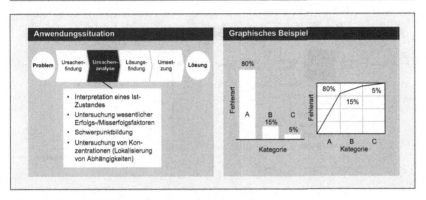

Abb. 3.6 Anwendungssituation und Beispiel für Pareto-Diagramm

tem als Punkte dargestellt. Die Korrelation gibt somit die Beziehung zwischen zwei (oder mehreren) quantitativen statistischen Variablen an. Das funktioniert immer dann besonders gut, wenn beide Größen durch eine „je … desto"-Beziehung miteinander zusammenhängen und eine der Größen nur von der anderen Größe abhängt. Beispielsweise kann man unter bestimmten Bedingungen nachweisen, dass der Umsatz eines Produktes steigt, wenn man die Werbeaufwendungen erhöht. Hängt die Höhe des Produktumsatzes aber noch von anderen Einflussfaktoren ab (z. B. Qualität des Produkts, Werbeanstrengungen des Wettbewerbs, saisonale Nachfrage etc.), dann verwischt der kausale Zusammenhang in der Statistik immer mehr, falls nicht auch die anderen Einflussvariablen gleichzeitig untersucht werden. Im Gegensatz zur Proportionalität ist die Korrelation immer nur ein stochastischer Zusammenhang.

Das Korrelationsdiagramm eignet sich zur Gewinnung eines ersten Eindrucks über Stärke und Form des Zusammenhangs zweier Faktoren. Mit niedrigem Aufwand können so weiterführende statistische Verfahren angestoßen und unnötige Analysearbeit vermieden werden. Das Instrument ist jedoch nur bei metrisch skalierten Daten aussagekräftig.

In Abb. 3.7 sind Anwendungssituationen und ein grafisches Beispiel zum Korrelationsdiagramm dargestellt.

3.2.7 Flussdiagramm

Ein weiteres grafisches Analyseinstrument zur systematischen Untersuchung von Prozessen ist das **Flussdiagramm**. Es strukturiert und bildet Prozesse ab und zeigt kausale Zusammenhänge in Form eines Ablaufdiagramms. Im Rahmen der stan-

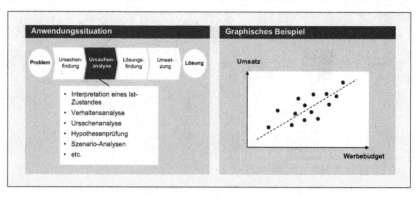

Abb. 3.7 Anwendungssituation und Beispiel für Korrelationsdiagramm

dardisierten Darstellungsform wird der Ablauf – angefangen vom Initialisierungs-
ereignis über Handlungsabfolgen, Entscheidungspunkten, involvierten Stellen,
Funktionen und Medien bis zum Lösungsereignis – aufgezeigt (siehe Abb. 3.8).

Mit dem Flussdiagramm wird das Prozessverständnis gestärkt, so dass Pro-
zessbrüche leichter erkannt, Schwachstellen identifiziert und Engpässe lokalisiert
werden können. Das Diagramm ist einfach anzuwenden, leicht zu erlernen und
bietet eine gute Diskussionsgrundlage für die gemeinsame Lösungsfindung. Auf
der anderen Seite entsteht ein relativ hoher Aufwand, wenn komplexe Prozesse
dargestellt werden sollen. Auch nimmt die Unübersichtlichkeit in solchen Fällen
stark zu.

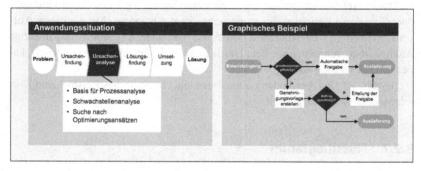

Abb. 3.8 Anwendungssituation und Beispiel für das Flussdiagramm

3.3 Tools zur Evaluierung

Ebenso wie der eigentliche Beratungsprozess sollte auch der Auftragsabschluss professionell geplant und durchgeführt werden. Die abschließende Evaluierung eines Beratungsauftrags sollte eine Antwort auf folgende *drei Fragen* geben:

* War der Kunde mit uns und unserer Leistung zufrieden?
* Waren wir selbst mit der Durchführung und den Ergebnissen des Auftrags zufrieden?
* Bieten sich Möglichkeiten für Anschluss- bzw. Folgeaufträgen?

Es liegt auf der Hand, dass die zur Evaluierung verfügbaren Tools ausschließlich aus Fragebögen bzw. Checklisten bestehen.

3.3.1 Kundenzufriedenheitsanalyse

Im Beratungsgeschäft ist die **Kundenzufriedenheitsanalyse** in mehrfacher Hinsicht von Bedeutung. Sie dient zunächst allgemein der Ermittlung der Zufriedenheit der Kundenunternehmen mit den Beratungsleistungen des jeweiligen Anbieters. Darüber hinaus wird sie von vielen Unternehmensberatungen als Instrument eingesetzt, um die Bedürfnisse bzw. Erwartungen der Kundenunternehmen besser zu verstehen und Probleme frühzeitig zu erkennen.

Kundenzufriedenheit wird immer dann erreicht, wenn die Erwartungshaltung des Kunden vom Erfüllungsgrad der angebotenen Leistung ge- oder sogar übertroffen wird. Dabei spielt nicht die objektive Qualität der Beratungsleistung, sondern die vom Kunden subjektiv empfundene bzw. wahrgenommen Leistung, die entscheidende Rolle. Kundenzufriedenheit ist die beste Voraussetzung für Nachfolgeaufträge und für Referenzen. Werden die Erwartungen des Kunden nicht erfüllt, entsteht Kundenunzufriedenheit, die zu einem Anbieterwechsel führen kann.

Eine Kundenzufriedenheitsanalyse wird auf der Grundlage einer Kundenbefragung vorgenommen. Diese kann mündlich, schriftlich oder auch online erfolgen, wobei die Ergebnisse in jedem Fall in einem Fragebogen erfasst werden sollten. Der Untersuchungsgegenstand – also die angebotene Beratungsleistung – kann in mehrere **Kriterien** unterteilt werden:

* Leistungsportfolio – Breite und Tiefe der angebotenen Leistung
* Lösungskompetenz des Unternehmens
* Fachliche Kompetenz der involvierten Mitarbeiter

- Engagement der involvierten Mitarbeiter
- Erreichbarkeit der involvierten Mitarbeiter
- Soziale Kompetenz der involvierten Mitarbeiter
- Zuverlässigkeit der involvierten Mitarbeiter
- Geschwindigkeit der Umsetzung
- Methodische Unterstützung
- Preis-/Leistungsverhältnis.

Diese und ähnliche Kriterien sind zunächst nach dem *Zufriedenheitsgrad* zu beantworten. Aufschlussreich ist darüber hinaus, für wie *wichtig* diese Kriterien für die Auftragsbewertung angesehen werden. Neben der reinen Beurteilung der Kriterien sind aber noch weitere Fragen von Bedeutung wie z. B.:

- Würden Sie uns uneingeschränkt weiterempfehlen?
- Würden Sie bei entsprechendem Bedarf wieder ein Beratungsunternehmen beauftragen?
- Würden Sie in einem solchen Fall erneut mit uns zusammenarbeiten?

Schließlich bietet es sich an, im Rahmen einer Kundenzufriedenheitsanalyse zusätzlich eine **Bedarfsanalyse** durchzuführen. Hierzu sollten Fragen zu zukünftigen Themen- und Problemstellungen, Einführungszeitpunkten von bestimmten IT-Lösungen etc. gestellt werden.

Von grundlegender Bedeutung für die Kundenzufriedenheitsanalyse ist eine Vorüberlegung, die sich aus der **Multipersonalität** in B2B-Beziehungen ergibt: Wer sollte eigentlich befragt werden? Wer ist Träger der Kundenzufriedenheit? Ist es nur eine Person und wenn ja, welche? Oder sollten mehrere Personen befragt werden? Eine richtige Antwort kann es hierzu nicht geben. Zu unterschiedlich sind die jeweiligen Rahmenbedingungen eines Beratungsprojektes. Entscheidend ist in jedem Fall, dass eine faire Evaluierung durch den/die Kundenmitarbeiter stattfindet, so dass entsprechende Rückschlüsse für die Zukunft daraus geschlossen werden können.

3.3.2 Auftragsbeurteilung

Die Auftragsbeurteilung ist das Synonym für eine Zufriedenheitsanalyse aus Sicht des Beratungsunternehmens selbst. Mit einem Satz von Checklisten wird der abgeschlossene Auftrag zeitnah und umfassend sowohl in quantitativer als auch in qualitativer Hinsicht beurteilt (vgl. Niedereichholz 2008, S. 350 ff.).

Dabei steht zunächst die **Wirtschaftlichkeit** des Projekts auf dem Prüfstand. Gab es einen selbstverschuldeten Mehraufwand (engl. *Overrun*) oder konnte der Auftrag im Rahmen der Vorkalkulation zeit- und qualitätsgerecht durchgeführt werden? In der Gesamtbeurteilung eines durchgeführten Auftrags spielen ferner die Qualität der abgelieferten Ergebnisse, die Kompetenz der Projektleitung (Projektmanagement) und der eingesetzten Mitarbeiter sowie das Engagement des verantwortlichen Partners bzw. Fachbereichsleiters eine Rolle. Darüber hinaus können – insbesondere bei größeren Projekten – auch bestimmte Einzelaspekte für die Evaluierung herangezogen werden (vgl. Niedereichholz 2008, S. 352 ff.):

- Beurteilung der Angebotsphase
- Beurteilung der Problemlösung
- Beurteilung der Mitarbeiter
- Beurteilung der Projektabrechnung
- Beurteilung der Projektkommunikation und -dokumentation
- Beurteilung der Auftragsdurchführung
- Beurteilung der Qualitätssicherung
- Beurteilung des Projektabschlusses.

Ein weiterer wichtiger Evaluierungsaspekt ist, dass wichtige Ergebnisse, Erkenntnisse, Bausteine und Strukturen in einer Projektdatenbank festgehalten werden und anderen Teams für spätere Angebote, Benchmarks etc. zur Verfügung stehen, damit ggf. das Rad nicht immer wieder neu erfunden werden muss. Selbstverständlich ist dabei darauf zu achten, dass keine vertraulichen Kundeninformationen weitergegeben werden.

3.3.3 Anschlussakquisition

Die Anschlussakquisition ist kein Tool im eigentlichen Sinn. Sie ist aber ein wichtiger Baustein im Rahmen des Akquisitionsprozesses, da Anschlussaufträge – selbst bei nicht ganz zufriedenen Altkunden – wesentlich leichter zu bekommen sind, als einen neuen Kunden zu gewinnen. Hinzu kommt der inhaltliche Informationsvorsprung, den man im Zuge der Auftragsdurchführung gegenüber dem Wettbewerb zwangsläufig gewonnen hat. Im Übrigen sei hier auf die vielfältigen Kundenbindungsprogramme verwiesen, die dem Beratungsvertrieb heutzutage zur Verfügung stehen.

Literatur

Allweyer T (2009) BPMN 2.0. Business Process Model and Notation. Einführung in den Standard für die Geschäftsprozessmodellierung, 2. Aufl. Books on Demand, Norderstedt

Andler N (2008) Tools für Projektmanagement, Workshops und Consulting. Kompendium der wichtigsten Techniken und Methoden. Publicis, Erlangen

Bea FX, Haas J (2005) Strategisches Management, 4. Aufl. UTB, Stuttgart

Becker J (2009) Marketing-Konzeption. Grundlagen des ziel-strategischen und operativen Marketing-Managements, 9. Aufl. Vahlen, München

Doppler K, Lauterburg C (2005) Change Management. Den Unternehmenswandel gestalten, 11. Aufl. Campus, Frankfurt a. M.

Dunst KW (1983) Konzeption für die strategische Unternehmensplanung, 2. Aufl. Springer, Berlin

Fink G (2004) Managementansätze im Überblick. In: Fink D (Hrsg) Management Consulting Fieldbook. Die Ansätze der großen Unternehmensberater, 2. Aufl. Vahlen, München

Fink D (2009) Strategische Unternehmensberatung. Vahlen, München

Gläser M (2008) Medienmanagement. Vahlen, München

Glass N (1996) Management masterclass: a practical guide to the new realities of business. Nicolas Brealey Publishing, London

Haedrich G, Tomczak T (1996) Produktpolitik. Schäffer Poeschel, Stuttgart

Hammer M, Champy J (1994) Business Reengineering. Die Radikalkur für das Unternehmen. Campus, Frankfurt a. M.

Kaas KP (2001) Zur „Theorie des Dienstleistungsmanagements". In: Bruhn M, Meffert H (Hrsg) Handbuch Dienstleistungsmanagement. Von der strategischen Konzeption zur praktischen Umsetzung. Gabler, Wiesbaden, S 103–121

Kaplan RS, Norton DP (1992) The balanced scorecard: measures that drive performance. Harvard Bus Rev 70(1):71–79

Kocian C (2011) *Geschäftsprozessmodellierung mit BPMN 2.0*. Business Process Model and Notation im Methodenvergleich, HNU Working Paper, 07/2011

Kotler P, Armstrong G, Wong V, Saunders J (2011) Grundlagen des Marketing, 5. Aufl. Pearson, München

Lippold D (2014) Die Personalmarketing-Gleichung. Einführung in das wert- und prozessorientierte Personalmanagement, 2. Aufl. De Gruyter, München

Lippold D (2015a) Die Marketing-Gleichung. Einführung in das prozess- und wertorientierte Marketingmanagement, 2. Aufl. De Gruyter, Berlin

© Springer Fachmedien Wiesbaden 2016
D. Lippold, *Management- und Beratungstechnologien im Überblick*, essentials,
DOI 10.1007/978-3-658-12321-5

Lippold D (2015b) Marktorientierte Unternehmensplanung. Eine Einführung. Gabler, Wiesbaden

Lippold D (2016) Die Unternehmensberatung. Von der strategischen Konzeption zur praktischen Umsetzung, 2. Aufl. Springer Gabler, Wiesbaden

Macharzina K, Wolf J (2010) Unternehmensführung. Das internationale Managementwissen. Konzepte – Methoden – Praxis, 7. Aufl. Gabler, Wiesbaden

Meffert H, Burmann C, Kirchgeorg M (2008) Marketing. Grundlagen marktorientierter Unternehmensführung. Konzepte – Instrumente – Praxisbeispiele, 10. Aufl. Gabler, Wiesbaden

Müller-Stewens G, Lechner C (2001) Strategisches Management. Wie strategische Initiativen zum Wandel führen. Schäffer Poeschel, Stuttgart

Niedereichholz C (2008) Unternehmensberatung, Bd. 2, Auftragsdurchführung und Qualitätssicherung, 5. Aufl. Oldenbourg, München

Office of Government Commerce (OGC) (2009) *Erfolgreiche Projekte managen mit Prince2*, (Official PRINCE2 publication). The Stationery Office Ltd, Norwich

Office of Government Commerce (OGC) (2013) Best Management Practice – Prince2 News: Prince2® – A Global Project Management Method. http://www.best-management-practice.com/Knowledge-Centre/News/PRINCE2-News/?DI=629649. Zugegriffen: 10. Aug. 2013

Project Management Institute (PMT) (Hrsg) (2004) A guide to the project management body of knowledge (PMBOK® Guide), 3. Ausgabe. Four Campus Boulevard, Newtown Square, PA 2004

Project Management Institute (PMI) (Hrsg) (2013) Library of PMI Global Standards. http://www.pmi.org/PMBOK-Guide-and-Standards/Standards-Library-of-PMI-Global-Standards.aspx. Zugegriffen: 10. Aug. 2013

Porter ME (1986) Wettbewerbsvorteile. Campus, Frankfurt a. M.

Porter ME (1995) Wettbewerbsstrategie, 8. Aufl. Campus, Frankfurt a. M.

Roever M (1985) Gemeinkosten-Wertanalyse. Kostenrechnungspraxis 1(1985):19–22

Schade C (2000) Marketing für Unternehmensberatung. Ein institutionenökonomischer Ansatz, 2. Aufl. Gabler, Wiesbaden

Scheer A-W (1995) Wirtschaftsinformatik. Referenzmodelle für industrielle Geschäftsprozesse, 6. Aufl. Springer, Berlin

Scheer A-W (1998) ARIS - Vom Geschäftsprozess zum Anwendungssystem, 3. Aufl. Springer, Berlin

Schmelzer HJ, Sesselmann W (2006) Geschäftsprozessmanagement in der Praxis. Kunden zufrieden stellen – Produktivität steigern – Wert erhöhen, 5. Aufl. Hanser, München

Schramm M (2011) Unternehmenstransaktionen. In: Schramm M, Hansmeyer E (Hrsg) Transaktionen erfolgreich managen. Ein M & A-Handbuch für die Praxis. Vahlen, München

Schwarz W (1983) Die Gemeinkosten-Wertanalyse nach McKinsey & Company, Inc. Eine Methode des Gemeinkosten-Managements. IHS – Institut für Höhere Studien (Hrsg) Forschungsbericht/Research Memorandum No.190, Wien. Okt. 1983

Teece D (1986) Transaction cost economics and the multinational enterprise. J Econ Behav Organ 7:21–45

Weske M (2007) Business process management. Concepts, languages, architectures. Springer, Berlin

Wiss-Autorenteam (2001) Prozessorganisation. http://bwi.shell-co.com/03-01-01.pdf. Zugegriffen: 10. Aug. 2013

Wöhler C, Cumpelik C (2006) Orchestrierung des M & A-Transaktionsprozesses in der Praxis. In: Wirtz BW (Hrsg) Handbuch Mergers & Acquisitions. Gabler, Wiesbaden

Sachverzeichnis

© Springer Fachmedien Wiesbaden 2016
D. Lippold, *Management- und Beratungstechnologien im Überblick*, essentials,
DOI 10.1007/978-3-658-12321-5

Printed in the United States
by Book masters

Printed in the United States
By Bookmasters